"十四五"高职院校精品系列教材

旅游电子商务实务

(第三版)

主　编／郑忠阳　　齐　超
副主编／张春华　　岑人宁　　黄小哲　　由妙然

产教融合　　校企合作

工学结合　　知行合一

配套资源：

◆教学视频　◆教学课件
◆教学大纲　◆习题与答案

西南财经大学出版社

中国·成都

图书在版编目(CIP)数据

旅游电子商务实务/郑忠阳,齐超主编;张春华等副主编.—3版.—成都:西南财经大学出版社,2025.2. --ISBN 978-7-5504-6522-0

Ⅰ.F590.6-39

中国国家版本馆CIP数据核字第20252L3Z96号

旅游电子商务实务(第三版)

LÜYOU DIANZI SHANGWU SHIWU

主　编　郑忠阳　齐　超

副主编　张春华　岑人宁　黄小哲　由妙然

策划编辑:杨婧颖

责任编辑:杨婧颖

责任校对:杜显钰

封面设计:墨创文化　张姗姗

责任印制:朱曼丽

出版发行	西南财经大学出版社(四川省成都市光华村街55号)
网　址	http://cbs.swufe.edu.cn
电子邮件	bookcj@swufe.edu.cn
邮政编码	610074
电　话	028-87353785
照　排	四川胜翔数码印务设计有限公司
印　刷	成都金龙印务有限责任公司
成品尺寸	185 mm×260 mm
印　张	13
字　数	290千字
版　次	2025年2月第3版
印　次	2025年2月第1次印刷
书　号	ISBN 978-7-5504-6522-0
定　价	35.00元

1. 版权所有,翻印必究。

2. 如有印刷、装订等差错,可向本社营销部调换。

3. 本书封底无本社数码防伪标识,不得销售。

前言
QIANYAN

党的二十大报告强调，高质量发展是全面建设社会主义现代化国家的首要任务。在旅游业中，高质量发展同样至关重要。旅游电子商务作为旅游业与现代信息技术深度融合的产物，以其便捷性、高效性和个性化等特点，为游客提供了丰富的旅游产品和服务，推动了旅游业的转型升级。本书从旅游电子商务的基本概念出发，详细阐述了其发展历程、主要功能和应用领域，同时结合国内外旅游电子商务的成功案例，深入剖析了其带来的产业变革力量。

从 2000 年南航推出第一张电子客票开始，我国旅游业的电子商务发展至今有了质的飞跃。到 2007 年年底，很多在线旅游企业的"机票+酒店"模式的业务发展呈现井喷态势。以携程旅行网为代表，包括同程网、51766 旅游网、新浪网、乐途网等在内的在线旅游企业发展迅速。此时，大量的旅行社、酒店和分销商也开始加入旅游电子商务的队伍，在线旅游市场呈现强劲的发展势头。途牛、九游等旅游门户网站从 2007 年起就开始了与旅行社、酒店等传统企业的合作，这种合作赋予了传统旅游企业新的市场前景。到今天，旅游电子商务已经进入多角度、多层次、多领域的全面发展状态。

随着移动商务类应用的迅速发展，旅游电子商务也在日新月异地发展。随着互联网对个人生活方式的影响进一步深化，旅游业正快速走向智慧旅游，并将与医疗、教育、交通等公共服务深度融合，成为现代互联网生活的重要组成部分。从互联网发展的长远角度看，未来的旅游业一定是基于互联网环境的旅游业，旅游电子商务也将成为旅游教育的核心内容。

在高职院校的旅游专业课程中，旅游电子商务是必不可少的。如何采用适合高职层次的教育方式和内容，如何结合旅游企业生产实际来进行教学，是当前很多旅游类高职院校共同关注的问题。本教材从大旅游观点出发，从顾客与经营两个视角直面旅游电子商务在旅游业各个领域的实际运行情况，实用性强、操作性好，特别是本教材根据高职学生实际，从实用技能入手，应用同课程分段式的教学思路，构建了实时更新的生产经营性实训教学体系，带给学生最新、最实用的教学内容。

本教材自 2019 年第一版及 2022 年第二版面世以来，广受读者好评。第三版基于广西国际商务职业技术学院与黑龙江旅游职业技术学院合作开展的虚拟教研室的基础，由广西国际商务职业技术学院的郑忠阳和黑龙江旅游职业技术学院的齐超共同担任主编。副主编分别为两所学校的张春华、岑人宁、黄小哲、由妙然，参编人员还包括广西微谋科技有限公司的兰婷，广西国际商务职业技术学院的蒋晓艳、朱子豪、罗琰蔚、刘宝玲、黄庆林等。第三版对教材中的案例及新技术内容进行了全面更新，更加契合时代发展需求，为教育教学提供了最新的教学资源。

编者

2024 年 11 月

目录
MULU

项目一 网游天下——旅游电子商务概述

教学目标

1. 掌握旅游电子商务的基本概念；
2. 了解旅游电子商务的产生与发展；
3. 了解旅游电子商务与传统旅游商务的区别；
4. 了解旅游电子商务的发展趋势；
5. 掌握旅游电子商务的基本交易模式。

小试牛刀

以下哪些行为，是旅游电子商务行为？并说明理由。

A：小明在 12306 网站购买了去云南旅游的火车票。

B：小明在抖音直播中抢购了云南景点一卡通联票。

C：小明旅游途中在景区购买了一瓶矿泉水，并使用了微信钱包完成支付。

D：旅游过程中，小明在酒店用饿了么订购了当地比较有特色的美食外送。

E：旅行前，小明就在美团预订好了酒店。

_____

_____

_____

_____

旅游电子商务概述

同课程分段式教学建议

在条件允许的情况下，本章建议教师在教学时采用旅游短视频、云旅游视频录像以及与合作企业进行网络直播互动的方式，分段进行教学，并通过模拟旅游行业知名场景或者采用人物与学生网络互动的方式，帮助学生直观感受旅游电子商务的新场景。

导入案例

飞起来的"猪"

2020 年出现的新冠疫情，让中国的春运猛然停止，为防疫抗疫，国家号召航空企业为预订了机票的客人免费退票。在众多的机票销售服务商中，阿里巴巴集团旗下的旅游电子商务企业"飞猪旅行"积极响应，迅速开通了免费退票服务，有力地支持了抗疫工作。这一过程，即方便快捷地通过互联网实现票务订退服务的商务活动，就是一种旅游电子商务活动。

图 1-1 为飞猪平台的机票及增值服务保障标准。

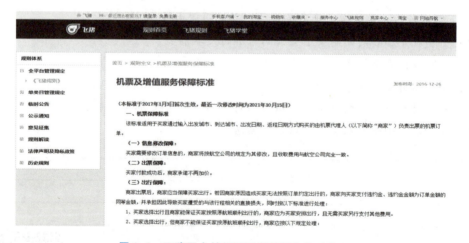

图 1-1 飞猪平台的机票及增值服务保障标准

飞猪旅行，是阿里巴巴集团旗下的综合性旅游服务平台，该平台为用户提供国内外交通、酒店住宿、景区门票、目的地游玩等产品及旅游周边服务。

飞猪旅行在 2016 年"双 11"前夕提出了"全球买、全球卖"的全球化升级战略，要求打通海内外的买家、卖家。在这样的大背景下，其在完成品牌更新后，飞猪把业务发展重心放在出境游上。

2017"双11"，阿里巴巴以1 682亿元交易额，再次为全世界电子商务业创造了新的里程碑，而阿里巴巴旗下旅行平台飞猪的成绩单也特别抢眼，继2016年全天交易总额达217亿元后，平台上超过50个商家的成交额在"双11"超过了千万元，2017年的"双11"也再次突破这一纪录。

飞猪还与支付宝花呗合作推出了旅游分期付款，并与芝麻信用合作先住宿后付款的"信用住"等方式，而飞猪与支付宝合作的未来酒店信用住，则依靠支付宝的信用体系及蚂蚁花呗的授信，实现免押金、免排队、免查房，革新了古老的酒店行业，信用住已经成为酒店住宿业新规则。

图1-2为信用住的酒店预订页面。

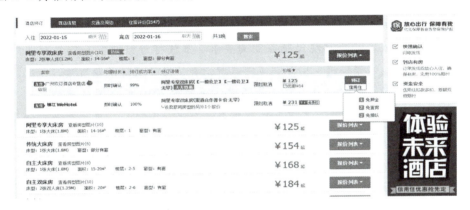

图1-2 信用住的酒店预订页面

目前，天合联盟、美联航、全日空、万豪、希尔顿、香格里拉等全球旅游业顶级品牌，近30家国际航空公司和大量的国际酒店品牌，以及迪士尼这样的海外著名旅游企业，都是飞猪的合作伙伴。飞猪的朋友圈"空前强大"。飞猪给这些线下的企业提供大流量、大数据和技术内力，为品牌制造营销狂欢气氛，用互联网的方式，前所未有地缩短了商家与消费者的距离，提升用户体验。凭借阿里巴巴的大数据，飞猪可以帮助商家对消费者进行精准分析并向消费者精准推送相关产品。

[分析]

作为"无烟产业"和"永远的朝阳产业"的旅游业，已经和石油业、汽车业并列，成为世界三大产业，它的发展是伴随着国民经济的发展而发展的。在互联网时代，旅游电子商务无疑是这一产业发展的新基础商务支撑。我国旅游业的电子商务是较早发展起来的行业电子商务之一。进入21世纪后，随着中国旅游业进入高速发展时期，我国的旅游电子商务更是进入了"百家争鸣"的时代，顺应"互联网+"的趋势，蓬勃发展。旅游电子商务作为推动信息技术（IT）领域内的互联网电子商务发展的重要力量，也为我国旅游业市场及相关产业的发展带来了革命性的契机。我国将会成为全球出境游的客源大国和入境旅游的接待大国，旅游电子商务的服务项目将会更加的深入、细化、全面化、安全化、个性化和智能化，特别是智慧旅游与旅游电商的协同发展，必然会引领更多的创新，为我国旅游经济的发展做出卓越贡献。

子项目一　了解旅游电子商务的产生与发展

【案例与解析】

《国务院关于加快旅游业发展的意见》提出，要把旅游业培育成国民经济战略性支柱产业，要更加符合人民群众对现代服务业的要求。加快推进旅游业与信息产业的融合发展，充分利用信息技术来促进、引导和方便旅游消费、提升旅游产业质量，是旅游业向现代服务业发展的关键。国家旅游局原局长邵琪伟同志在 2010 年全国旅游局长研讨班上指出："我国旅游业将运用信息技术改变产业形态，与第一、第二、第三产业加快融合，建设全产业链的现代旅游业。"这句话为我国旅游产业电子商务的发展路径做了注脚。

[解析]

旅游电子商务，是互联网技术在旅游活动中生活化应用的一种形式，信息技术与旅游业有着天然的耦合性，特别是旅游体验过程中旅游产品以现场体验居多，需要使用物流运送的产品相对较少的特点，使旅游电子商务的发展天然减少了阻力。互联网已经深刻改变着人们的旅游消费方式，孕育了丰富的旅游新业态，重新构建了旅游业的产业链。新兴业态不断涌现，也为技术推动型的旅游企业商业模式创新提供了强大的动力。20 世纪 90 年代，全球范围内出现了如亿客行（Expidea）、猫途鹰（Tripadvisor）、Priceline 等一大批新兴的旅游企业。相应地，我国的在线旅游企业也不断成长，携程、芒果、去哪儿、艺龙、同程、欣欣等旅游网站快速成长，同时旅游垂直搜索引擎、SNS、社交网络等也飞速发展，成为旅游电商的重要组成部分。特别值得注意的是，旅游业发生了巨大变化，进入电子商务化时代。到了 2019 年，以移动直播形式的"云旅游"出现，旅游电子商务也开始了新的一轮发展。

回顾以上旅游电子商务企业的成长历程，除了技术的主导性因素之外，越来越多的战略投资者、金融机构、产业基金和风险投资者也进入旅游电子商务领域，以其专业能力助推旅游电商的发展，这也是在短周期内，旅游电商企业能够异军突起的重要原因。资本进入旅游业，不仅给旅游企业的快速发展带来资金上的支持，更为旅游企业提升管理水平、吸纳人才提供了空间。随着各类旅游企业在模式上、效益上、规模上的表现越来越抢眼，我们预测，未来几年资本的进入规模仍将保持增长，技术与资本仍将成为驱动旅游电商高速发展的双重引擎。

1. 实现大数据精准营销和旅游新媒体传播渠道扩充

目前社交媒体（包括新兴音频、视频平台）已经融入人们生活当中，如抖音、微博、西瓜视频、快手等平台成为旅游产品推介的一股重要力量。因此，旅游企业需要掌握新媒体的运营手段，与旅游大数据公司合作，采用"线上点赞营销、线下接受服务"的模式，通过在社交媒体等渠道绑定自己的旅游产品链接，向客户人群推送相关旅游产品，从而突破空间限制，实现全民在线上"云旅游"，去线下体验的新模式。

2. 加强智慧旅游网站建设和安全管理

网站好比虚拟的"橱窗"，网站的内容就是"橱窗"上的商品。因此，网站提供的信息必须丰富多彩且真实；网站的内容应及时更新，才能够吸引顾客。但除了要及时更新内容，还要提升在线旅游咨询和信息服务水平，智能地满足游客的出游要求。及时自动生成不同的方案供客户选择，对客户提出的问题予以及时解答。同时，要加强网络安全服务，防止个人信息泄露等风险，保证电子商务交易安全。

一、旅游电子商务发展历程与应用现状

进入 21 世纪，以互联网为代表的现代信息技术发展日新月异，推动了全球电子商务的快速发展。旅游业与信息通信技术密切相关，随着信息技术的推进，旅游信息化改变了传统企业的经营方式，也给我国旅游业的发展带来了新的机遇和挑战，同时吸引更多的旅游企业探索旅游电子商务业务。

旅游电子商务给世界各国的旅游业带来巨大的变革，并成为旅游经济新的增长点，旅游业被认为是最适合电子商务模式的行业之一。作为一种新的商务模式，旅游电子商务正在推动旅游业划时代的变革，其市场潜力不可估量。旅游业开展电子商务不仅可以降低成本、产生新的利润增长点，而且可以提升企业的竞争力，是不可逆转的趋势。它正在迅速改变着传统的旅游经济。

所谓旅游电子商务，我们可以理解为以先进的网络平台为载体，以旅游信息库、网络银行为基础，进行旅游业的商务活动。旅游电子商务的建设目的是通过先进的计算机网络技术及通信技术和电子商务的基础环境，整合旅游企业的内部和外部资源，提高旅游机构内部和对外的连通性，即改进旅游企业之间、旅游企业与供应商之间、旅游企业与旅游者之间的交流，以完善旅游企业内部的业务流程，促进信息共享。

我国旅游电子商务相对欧美发达国家来说，起步较晚。1994 年，我国才开始零星地出现旅游网站，传统的旅游企业从企业信息化出发，开始关注电子商务，虽然其业务从数量

上和规模上呈现出增长态势，但它们在运营上还是更多地关注传统实体，电子商务的应用程度尚浅，应用层次较低。当时的电子商务主要运用于预定业务，突破了传统模式下时间、地域等的限制，但此时还未出现第三方交易担保平台，相关的交易规则并不完善，容易出现信用问题。因此这个阶段的旅游电子商务更多地还是依靠原有的传统线下交易。

1996年，国内专业化的旅游电子商务网站开始出现。而在1997年，由国旅总社参与投资的华夏旅游网的创办，是中国旅游电子商务预订业务兴起的源头。此后，各类旅游预订网站如雨后春笋般涌现，行业规模逐渐扩大。其间，旅游行业的电子商务化经历了1997年至2000年上半年的投资热潮及爆发式发展，2000年下半年至2001年的困境与冷静回归。随着2001年我国加入世界贸易组织（WTO），国内的旅游企业面临市场开放、全球化的竞争，中国旅游网站经过分化、整合以及经营策略的再探索，逐渐走入一个成熟、稳健的发展阶段。

2002年，我国国家旅游信息化工程——金旅工程，以建设"旅游目的地营销系统"作为电子商务的发展重点，大力推进旅游电子商务发展，旨在成为信息时代中国旅游目的地进行国内外宣传、促销和服务的平台。经过努力，全国"旅游目的地营销系统"的中心平台建设已初具规模，广州、香港、澳门、大连、三亚、珠海、深圳、厦门、苏州等十余个区域城市的"旅游目的地营销系统"当时也已投入运营或正在建设之中。在此基础上，文化和旅游部已逐步完成138个优秀旅游城市的系统建设，并逐步辐射到其他城市。但是，由于中国旅游业起步晚、发展快、竞争激烈，并且当时行业"散、乱、差、多"，尤其是旅游电子信息化人才的缺乏，致使旅行社或旅游行业的电子信息化程度不高。直到2004年携程上市后，中国旅游业的电子信息化才备受关注。

伴随着互联网信息化的不断深入，旅游电子商务不再局限于销售交易渠道的电子商务化，也开始向个性化服务转型。交易销售渠道逐渐从原有的个人电脑（PC）端向移动端拓展。手机支付、物流服务、旅游服务等日趋完善，使得旅游供应商和旅游者这两者的供需关系变得更为灵活和个性化。在线旅游快速发展的同时，行业中也呈现出多种新的趋势，中国在线旅游企业受到投资者的持续看好和追捧，这些新兴旅游企业在资本的推动下借助休闲度假、景区门票等业务，快速切入在线旅游市场；在线旅游服务在巩固机票酒店预订优势的同时，积极布局休闲度假业务；在预订模式层面，各家企业纷纷推出创新预订模式，抢占用户预订入口；景区景点、酒店客栈在淘宝旅行等平台的线上直销也进入一个新阶段。

近些年，高速增长的旅游市场和日益增长的网络消费人群，给旅游业的发展带来了新的契机。同时，很多企业探索出了符合中国国情的旅游电子商务模式。近几年，在线旅游市场的竞争已经可以用白热化来形容：各种一元门票满天飞，巨头们都在冲击市场。市场竞争的白热化，加速了旅游行业的大规模洗牌，传统旅行社焦虑地寻求转型之路，都在尝试新的业务模式。

以金融资本、产业资本与风险资本为代表的投资者，以旅行服务、旅游住宿、旅游景区与主题公园为代表的运营商，以租车、金融、保险、通信、餐饮、文化娱乐、康养、养老为代表的居民生活服务商，以及以公共交通、公共安全、司法救济为代表的公共服务体系，共同构成了大众旅游时代的产业发展格局。在这一格局中，旅游企业的传统定义，以及旅游与非旅游产业的传统边界将趋于消失。在开放和分享的旗帜下，一切公共和私营机构都可以为本地人的休闲和出行提供服务，也可以为到访者提供所有面向异地生活的商业接待服务。

二、旅游电子商务与传统旅游的关系

网络化经营是旅游业发展的内在需要。旅游电子商务与其他行业电子商务的一个主要区别就是旅游电子商务的消费者需自行到产品生产地（目的地）提取产品和服务，使得产品提供方省去了产品配送的环节。传统的旅游市场销售渠道以间接销售为主，难以实现直销，这不仅使销售成本增加，而且还大大影响了旅游企业开拓市场的能力。如果旅游业实行网络化经营，则不仅可以增加直销产品的比重，减少销售中介和促销的费用，而且可以扩大市场覆盖面，提高工作效率，大大降低运行成本。以互联网为核心，实行集中管理模式，所有的东西都通过网络中心的后台进行处理。所有客户的管理、产品的管理、销售渠道的管理以及交互方式的发生都采用互联网进行总部集中管理的模式。这种以技术为核心，为客户提供个性化、人性化服务的手段是传统手段所不能完成的。

传统旅行社与电子商务结合将带来了以下优势：

1. 给旅游业带来新的发展动力

旅游业与电子商务的结合给传统旅游企业带来了冲击，但也给传统旅游企业创造了机遇。他们能够形成完整的旅游产品，顾客可根据实际情况，任意选择随团或散客旅游的方式。在这种模式中，旅游网站成为中介机构或信息中心，而旅行社转变为行使带团出游及协调其他旅游企业以完成旅游活动的服务性企业。

2. 大幅提高旅行社的效率

旅游电子商务像一张大网，把众多的旅游者、旅游中介、旅游供应商联系在一起。旅行社、景区、旅游饭店及旅游相关行业如租车业，都可借助同一网站招揽更多的顾客。旅游市场的规模因电子商务而扩大了，它们将原来市场分散的利润点集中起来，提高了资源的利用率。

随着新一代信息技术的蓬勃发展和大众旅游时代的来临，我国旅游电子商务将加速变革，不结合互联网开展旅游业务的旅游企业，其生存和发展将会越来越艰难，今天的困难还仅仅是开始。唯有顺应需求的变化、用户习惯的变化、互联网发展趋势的变化，旅游企业才能抓住旅游产业发展的黄金阶段，为未来10～30年发展赢得时间与机会。

三、我国旅游电子商务的发展方向

《2024 中国旅游业发展报告》显示，中国国内出游总人数及增长率双双加速恢复，旅游创新成为中国旅游业高质量发展的底色。2023 年中国国内旅游总人数达 48.91 亿人次，较 2022 年增长 93.30%；中国国内旅游收入达 4.91 万亿元人民币，同比增长 140.17%。《2024 中国旅游业发展报告》成果还表明，中国中高端旅游市场崛起，中国旅游产业供给侧结构性调整效果显现，星级酒店及旅游景区结构从传统"金字塔型"转向为以中高端酒店及景区为主体的"橄榄型"趋势加强，中国旅游产业从基础接待服务向高品质服务延伸。

近年来，电子商务模式下的社会化旅游逐步走到台前，并从早期的品牌营销导向，升级为完整的品牌营销和销售一体化的营销生态链。社会化旅游概念也逐步被行业和消费者所认同，很多在线旅游的网站、社区、App 都给自己打上了社会化旅游的标签。同时，针对旅行者不同的爱好，行业里出现了不同细分领域，如穷游网、风车网等都各具特色。

另外，随着居民生活水平的不断提高，大数据和智能处理技术突飞猛进，在"互联网+"和"全域旅游"概念的带动下，传统旅游与互联网在不断地摩擦中产生巨大的火花，生成了一种全新的旅游方式——智慧旅游。智慧旅游即将成为人们休闲的主要方式之一，它是指旅游企业在新信息技术发展的基础上，以游客互动体验为中心，通过信息技术和旅游服务、旅游管理、旅游营销的融合，使旅游资源和旅游信息得到系统化整合和深度开发应用，并服务于公众、企业和政府等的旅游发展形态。

在全球旅游市场发展带动下，结合中国旅游电子商务的发展现状分析，中国旅游业电子商务应在以下几个方面做出尝试：

1. 个性化服务

旅游电子商务与传统旅游服务的最大区别就在于它是通过双向交流的互动作用为顾客提供各种个性化的定制服务，这是旅游电子商务网站能够适应现代旅游需要的关键所在。因为现代人的生活空间随着互联网应用的发展已经远远超出了现实环境的限制，不论是顾客的物质需求，还是其精神需求，都超出了传统服务业的能力范围，越来越多的顾客更倾向于选择一种定制化的服务。在个性化服务需求的带动下，一些专门面向特定群体的自助式旅游服务网站数量骤增，一些论坛旅游专区已经具备了这样的雏形。例如，一些白领阶层在出游前就通过网络向服务商提出关于房间布置、家具摆设等的要求，当到达旅游地之后便可以轻轻松松享受专属于自己的服务。

2. 一站式服务

第三方服务网站应增加服务内容，拓宽服务范围。在服务内容方面，供应商的服务范围由单纯的信息发布、网络营销向全方位的交易服务发展，实现集线路预定、团队组合、交费、服务监控、投诉管理于一体的"一站式"服务。在服务范围方面，将集中面向中小型旅游企业提供网络整合营销平台，发挥互联网在资源整合方面的优势，进一步鼓励挖掘国内特色旅游资源，推出"小而精"的特色旅游服务，弥补传统经营模式下，旅游服务供应商偏向承接大团队，且服务内容陈旧的缺陷。旅游不仅是提供给消费者一个欣赏自然美的机会，而且更多是提供给消费者一种享受餐饮娱乐、风土人情、美食文化等为一体的"一站式"服务。旅游能够刺激一条链上的市场需求，直接带动相关产业的发展，而电子商务更是为旅游和其他行业的配套发展搭建了稳固的桥梁，使看似不可能集所有服务为一体的模式变得简单可行。该模式的核心主要依赖于第三方服务网站服务范围的大小及服务内容的丰富程度。

3. 线上线下结合发展

真正意义上的旅游是不可能完全在网上完成的，因为消费者在网上无法切身领略大自然美景的舒畅，一个地方所特有的风土人情，征服一座险峰的满足与愉悦等。旅游的这一特点就要求旅游电子商务的开展必须以线下为基础。只有实地调查线下旅游景点和全方位掌握数据才能够将其最真实的信息通过网络传递给消费者，帮助消费者做出明智的选择。线上业务的展开必然会大大促进线下旅游的发展，同样，分析线上数据可以得到对线下旅游业务进行完善的依据，让线下旅游服务更好地满足消费者的需求。现在我们最常见到的一种线上线下相结合的方式就是旅游景点通过网络实时监控来控制游客数量，这样保障了服务质量和对自然资源科学的开发和保护。

4. 规模化经营，合作共赢

随着旅游电子商务网站和第三方服务网站的不断增加，各网站之间的直接竞争不断加剧，甚至掀起了跨行业竞争的风浪。在这样的市场环境下，唯有创建品牌还可以争得一席之地，那些缺乏资源优势的旅游网站将无法在竞争中长期立足，行业优胜劣汰不可避免。在这种形势下，大型旅游服务企业将会在电子商务领域投入更多资金来扩展网站功能，增大业务覆盖面，最终实现旅游一体化的网上支付功能。对于那些中小型旅游服务企业来说，经营的规模化效益是制胜根本，中小型旅游服务企业应充分利用互联网的优势，形成企业联盟，化竞争对手为合作同盟，追求双赢模式下的平均利润，以维持生存与发展。此外，旅游资源的分布具有广泛性，大型旅游服务企业实现垄断式经营并非易事；相反，旅游电子商务会给众多中小旅游服务企业提供联盟式的发展空间。

【任务 1-1】

1. 概念收集

学生分组（每组 3~4 人），要求学生利用图书馆、网络数据库等资源，自主通过网络搜索、查阅教材等方式，收集至少 3 个不同来源的旅游电子商务概念表述，并记录下来。找出其中的共性元素和差异点，用简洁的语言重新整理出一个自己理解的旅游电子商务概念，字数为 100~200 字。

2. 时间轴绘制

学生分组（每组3~4人），绘制一个旅游电子商务发展时间轴，标注重要阶段、事件和大致时间，并在旁边简要说明每个阶段的特点。

子项目二 分析旅游电子商务的应用模式

【案例与解析】

同程网创立于2004年，总部设在中国苏州。经过十数年的艰苦创业，2016年互联网拥有员工12 000余名，同程网已成为国内较大的旅游企业对企业（B2B）电子商务平台之一。2005年11月，同程网开通了基于web2.0的大众旅游平台——同程旅游网，力图打造全新的旅游网站模式。

作为中国第一家拥有双平台的旅游电子商务平台，同程旅游网两个平台的运营目标客户不同，战术方法不同，所以战略定位也不同。两个平台的目标定位分别是企业对企业（B2B）和企业对个人（B2C），也就是同程网所说的行业商务和社会商务。行业商务平台搭建了包括旅行社、酒店、景区、交通、票务在内的近10万余家旅游企业间的信息、交易平台，在全球中文旅游网站中排名前三，旅游B2B交易网站排名第一。同程网在2005年正式启动大众旅游市场，在社会商务平台上向超过三百余万注册会员提供包括在线酒店机票预订、景区门票折扣与预订、旅游线路比价搜索、特惠餐馆、旅游资讯及博客服务在内的全方位旅行及旅游相关服务，并成功打造成为以旅游点评、旅游问答、旅游询价、旅游博客为特色的web2.0时代的新旅游旗帜网站。

[解析]

同程网是国内首家同时拥有B2C和B2B业务的旅游电商，引领了旅游电子商务应用模式分类的潮流。传统旅游业和在线旅游业各具优势，在目前的市场上，除了相互竞争，更多的是相互补充。

在资讯方面，同程旅游网摒弃了原始的资料添加和堆积，更多地利用了网友的自主分享，极大地实现了互动式的资讯和信息传递。在网友体验上，同程旅游网则专注于旅游博客的建设，已经成为中国最好的旅游博客服务商之一，为网友记录旅游经历，分享行走感悟，查询出行信息提供了非常好的平台支持。尤其是旅游博客大赛的成功开展，大大推动了旅游信息的分享和传播，让网友获得极大的满足。

在产品预订上，同程旅游网充分发挥了其在旅游B2B电子商务上的领先优势，展示、推广了数千个旅游企业的实际产品，领先于其他同类网站。

一、旅游电子商务特点

旅游电子商务是一个以信息技术服务为支撑的旅游经济的动态发展过程，是电子商务技术在旅游业中的应用。旅游电子商务具有以下特点：

（一）聚合性

旅游网站把旅游供应商、旅游中介、旅游者、旅游产品集合在一起，使整个旅游营销管理活动通过网络来运行，使分散的市场集中起来，提高资源利用率，把个性化旅游消费整合为规模消费，更好地满足行业需要。

（二）广域性

旅游电子商务借助互联网向全球每一个角落传达旅游资讯，使世界上任何国家或地区的消费者都能通过互联网来获得旅游企业的资料、产品信息；而网络支付不受地域限制，使旅游企业也能通过网络向全球各地的目标市场开展商务活动。

（三）双向性

旅游企业可以随时随地与消费者进行信息互动，而消费者也可以用一种新的方式与自己感兴趣的旅游企业进行交流，如果需要，双方可以 24 小时在线，这种双向交流是旅游电子商务的一个显著特点。

（四）无形性

旅游产品具有无形性的特点。一般情况下，旅游者在购买这一产品之前，无法亲自了解，只能从别人的经历或介绍中寻求信息，而产品的消费方式主要是亲身体验，没有物流存在。这决定了旅游业电子商务的物流特点：很少或者基本没有物流流动。

（五）服务性

旅游业是典型的服务性行业，旅游电子商务也以服务为本。借助网络特点开展销售前准备服务、体验实时支持帮助、消费分享互动、售后反馈服务、大数据支持下的跟踪推介服务等，使旅游电子商务相比传统服务业具有更加先进的服务体验。

二、旅游电子商务创新产物

旅游电子商务发展到现在已经开始超越最初的模式，随着大量的资金的投入，以及拥有丰富旅游业经验的管理团队对旅游业进行了改造，旅游电子商务开始向细分和模式创新方向迅速发展，如个性化定制、反向定价及旅游社交化。

（一）个性化定制

个性化定制最为具体的表现就是消费者可以根据一定价格按照自己的偏好或者需求向商家定制一份商品。旅游电商个性化定制主要的领域集中在旅游路线、行程攻略、旅游接待服务等方面。例如，部分拥有房车的户外组织与旅行社共同设计的野外生存活动等，都是典型的个性化定制。

（二）反向定价

反向定价模式主要是运用心理博弈的方法，由用户给定商品的价格，卖家选择是否接受，如果接受，则可以成交。当然，其中心理博弈的成分很大，用户不可能随便给定价格。去哪儿网的"酒店越狱"预订模式采用的就是反向定价。在该平台上，用户选出心仪的酒店类型，给出愿意接受的价格，在线支付提交订单。如果有酒店愿意接受消费者的价格，去哪儿网就会将对应的酒店名称、地址、联系方式等信息以短信或邮件的方式告知用户。

（三）旅游社交化

旅游业的社交化是与电子商务的大趋势一致的。国外最先出现的社交购物或者社交电商是基于脸书（Facebook）的购物或电商。社交购物主要是基于社交网络关系图谱或兴趣图谱产生的购物行为。例如，国内的美丽说、蘑菇街等网站可以被看作社交购物网站，而像 Pinterest（美国某图片社交平台）这一类型的模式主要是基于兴趣图谱将用户导入电子商务网站。而旅游业在社交电商方面发展更是迅速，由于旅游活动本身就具有强大的社交属性，在旅游电子商务的平台上，结伴出游、攻略分享、在线互动、评价与反馈等社交活动更加密切和自然。所以有人说，在电子商务环境下的旅游是一种新型的社交活动。

【任务 1-2】

旅游经历分享

以小组为单位（每组 3~4 人），要求每位学生分享一次印象深刻的旅游经历，重点描述在预订行程（如酒店、交通等）过程中的方式，是通过传统旅行社还是网络平台。讨论小组成员分享经历中出现的旅游预订方式的优缺点，每组整理出至少 3 条优点和 3 条缺点。

子项目三　探索不断进化中的旅游电商

【案例与解析】

2020 年，新冠疫情的冲击使得旅游业在市场端已经发生剧变，在疫情的巨大影响下，阿里巴巴旗下的飞猪旅行却在不断推出优惠，甚至还推出了"百亿补贴"行动。飞猪总裁庄卓然强调："面对变化和不确定，飞猪坚定做平台，继续为商家和消费者提供在线旅行社（OTA）提供不了的价值。"这一次的疫情，成为在线旅游行业变革的契机。飞猪强调自己不是 OTA，而是在线旅游平台（OTP）。飞猪不做酒店旅游业的"二道贩子"，而是做服务商家的平台，帮助他们更好地卖出产品和服务。因此，飞猪的核心模式是链接海量旅行商家，背靠淘宝、支付宝等阿里系资源矩阵，整体提升酒旅行业的效率与业绩。

[解析]

随着电子商务在旅游业竞争态势的加强，未来的行业发展将会呈现"快速迭代、不断进化"的局势。各大旅游电商如携程网、去哪儿网、途牛旅游网等，也在逐渐变化。

但飞猪旅行是更大的破局者。借助阿里的经济体系，比如电商、生活服务、数字娱乐等，为线上消费者构建了全场景的消费场景；再基于阿里的物流、地图、营销以及金融等基础设施帮助商家实现交易数字化。飞猪旅行平台上的商家可以将飞猪店铺当成一个纽带，链接到阿里巴巴整个的商业操作系统，从而形成营销、销售、品牌宣传、会员等全流程服务，并进行数字化经营。加速新需求与商家端的供给匹配，并带动行业的商家数字化升级，让商家在后疫情时代能够构建属于自己的价值护城河。联手聚划算，更是进一步实现对商家的数字化赋能。

曾几何时，在线旅游市场上演过烧钱换市场的流血激战，如今的飞猪重塑在线旅游市场新格局，正在推动旅游电商与其他电商形成的新生态体系，未来值得期待。

除了OTA、旅游电商平台的不断进化发展，一些其他旅游电商也在不断发展变化。不断适应市场而不断进化，是旅游电商当前发展的主旋律。

一、快速迭代的网约车世界

以滴滴出行为代表的免费打车软件，深受用户的喜爱。与滴滴同一时期的还有神州专车等其他网约车平台，它们共同为人们提供了颠覆以往认知的出租车概念，但这一领域的变化也非常迅速。

滴滴出行在高峰时期每天为全国超过1亿用户提供便捷打车的服务，被称为"打车神器"。根据第三方调查数据，滴滴出行在2015年的成交总额将近120亿美元，每天成交300万辆出租车订单，超过300万的专车订单，在峰值时有223万的顺风车订单，业务覆盖了全国超过360个城市。2017年3月，滴滴宣布在硅谷成立滴滴研究院，重点发展大数据安全和智能驾驶两大核心领域，邀请全球科研人员和企业专家共同解决智能出行安全领域的难题。

神州专车是租车连锁企业神州租车联合第三方公司优车科技推出的互联网出行品牌。2015年1月，神州专车在全国60大城市同步上线，它利用移动互联网及大数据为客户提供"随时随地，专人专车"的全新专车体验。神州专车采用"专业车辆，专业司机"的B2C运营模式，运营车辆均为神州租车的正规租赁车辆，并和专业的驾驶员服务公司合作，再加上百万安全保障，为每位乘客提供安全、舒适、便捷、贴心的出行体验。神州专车通过移动互联网和大数据技术，创新交通出行服务模式，整合市场资源，搭建商务用车的信息服务平台，对满足和提升市民多元化出行需求以及促进政府加强资源有效管理、促进城市出行领域交通智能化建设都产生了积极的影响。

然而，网约车市场的进化并没有停止，随着政治、经济环境的变化，尤其是受资本运作的影响，网约车行业也发生了巨大变化。2019 年 12 月，为保证网约车市场的健康发展，交通运输部、工业和信息化部、公安部、商务部市场监管总局、国家网信办修改了《网络预约出租汽车经营服务管理暂行办法》。根据"第一财经"2024 年 12 月 14 日发布的数据，截至 2024 年 3 月，有网约车司机资格证的人数从 2020 年 12 月的 289.1 万激增至 679.1 万，增幅达到 235%。另外，根据"数读网约车"2024 年 12 月 3 日发布的《网约车订单量排名前 10 的平台，每天完单量有多少》上的数据，截至 2024 年 10 月 31 日，各地共发放网约车驾驶员证 748.3 万本，较 2023 年同期增长了 18.1%。网约车市场面临运力过剩的问题。尽管订单量维持在一定水平，但司机的日均接单量却在下降。例如，2024 年 10 月，广州市网约车司机的日均接单量为 12.99 单，日均营收约为 363.89 元 12。此外，全国网约车订单量为 10.07 亿单，订单量前 10 名的平台日均订单量都在 20 万单以上。

二、共享出行的新方式

共享经济是 2020 年之前非常火爆的词汇和经济现象，自然在旅游电子商务中也有典型表现，即共享出行。它是指人们无须拥有车辆所有权，而是以共享方式与其他人共享车辆，并按照自己的出行要求支付相应的使用费的一种新兴交通方式。其中 ofo 共享单车就是其中的代表之一。

ofo 共享单车是一个无桩共享单车出行平台，缔造了"无桩单车共享"模式，致力于解决城市出行问题。用户只需在微信公众号或者 App 扫一扫车上的二维码或直接输入对应车牌号，即可获得解锁密码，解锁骑行，随时随地，随取随用。自 2015 年 6 月份启动到 2018 年 12 月，ofo 小黄车已经连接了 650 万辆共享单车，累计向全球 150 座城市，超过 1 亿用户提供了超过 10 亿次的出行服务。遗憾的是，由于经营、政策、融资等多方面的原因，如今 ofo 共享单车已经退出市场。

另一个比较著名的共享单车品牌就是摩拜单车。但与 ofo 结局稍有不同的是，在被媒体曝出挪用用户押金丑闻、经营陷入困难时，2018 年 4 月 3 日，美团耗资 27 亿美元全资收购摩拜。目前单车已成为美团本地服务的一部分。

如今，这两个当初遍地开花、耳熟能详的共享出行品牌早已不见了踪影。从小黄车黯然退场、摩拜单车被美团收购，以及其他各种共享单车、共享电动车企业的整合、退场，我们可以看出共享出行这种短途交通的旅游电商形式，在 ofo 与摩拜两家企业相继消亡之后，共享单车行业并没有完全消亡，而是逐渐形成了美团、哈啰与青桔三足鼎立的新局面。共享单车依然在我们的旅行、生活中扮演着重要角色。如今，共享汽车也成为共享出行的一个好选择。

共享出行还包括其他共享交通工具。例如，第三届国际汽车智能共享出行大会（SMC 2021）在 2021 年 12 月 15—17 日在广州花都召开。大会以"拥抱智慧城市新生态，共建未来出行新格局"作为年度主题，这预示着共享出行仍在进一步发展进化。

三、日渐普及的在线美食体验

随着旅游电商覆盖领域的扩大，生活服务类电商逐步融入旅游电商的范畴。美食类在线服务在这种变化中，成为兼具本地服务和为旅游者提供服务双重功能的新电商形式。经过多年的竞争发展，目前具有代表性的在线美食服务企业有饿了么、美团外卖、百度外卖等。

"饿了么"创立于 2009 年 4 月，起源于上海交通大学闵行校区，主营在线外卖、新零售、即时配送和餐饮供应链等业务。目前，"饿了么"在线外卖平台覆盖了全国 2 000 多个城市，加盟餐厅已经突破 130 万家，用户量超过了 2.6 亿。

图 1-3 为饿了么首页界面。

图 1-3　饿了么首页

百度外卖是百度打造的一个专业品质外卖服务平台，用户通过 PC 端及手机端均可享受方便、快捷、贴心的网络订餐服务。百度外卖有四大优势：流量优势、线下精准推广优势、百度平台优势、物流体系优势，用户可自由选择配送时间、支付方式，随时随地下单，足不出户就可以享用美食。

各种在线的美食服务，让人们轻松完成一次足不出户的美食体验，旅游电商的服务方式，丰富着人们的生活和旅行。

四、坐地日行八万里的云旅游

2020 年开始，中国旅游业进入了一个关键的时期，在疫情下，现代网络在生活中扮演的重要角色更是凸显，而 5G 技术的发展，也让旅游市场的社会化营销在旅游电商中扮演了更加重要的角色。在疫情后期的复工、复产中，基于社会化营销的旅游电子商务市场日渐壮大，特别是旅游直播已然成为旅游新热点，云旅游迅速引爆旅游市场。

云旅游，是一种在直播热潮中兴起的新型旅游业进化现象。云旅游，顾名思义就是旅游企业针对当前行业现状，通过"旅游体验直播+旅游产品带货"（门票+组合产品预约销售），实现旅游电子商务。这也是旅游企业为应对疫情，克服困难，创新性激发的旅游电商新场景，也是旅游电子商务发展的一个新阶段。

从这里我们会发现，旅游电商的销售环节不再是单调、冰冷的网站和 App，其中又增加了通过网络直播呈现和在线沟通的新形式，用户体验也更加丰富。

今天的新旅游电子商务服务，可以让身在异地的我们可以相聚在"云端"，饱览中华的灿烂文明。尽管疫情使全球旅游业暂时停滞，但人们的旅游需求并没有消失，将景区游览与直播形式相结合使大家足不出户就可以看到远方的风景。例如，2020 年 3 月 1 日，布达拉宫在淘宝开启首次直播，一小时内就吸引超 100 万人涌入直播间，这相当于布达拉宫以往差不多全年的游客接待量。2020 年清明假期期间，故宫在两天内连续进行三场直播，据统计，在 2020 年 4 月 5 日上午的首场直播中，仅央视新闻抖音号在线观看人数已超过 1 亿。

以上这些都属于旅游直播。它不仅包括旅游主播为观众直播旅游过程，也包括主播在直播间里完成的旅游产品在线销售、与游客的在线互动过程。云旅游也泛指采用网络视频技术使旅游者不到现场就能体验的旅游活动。例如，网络实时的远程虚拟旅游体验、旅游主播带你通过视频、直播游览等。云旅游的概念也在不断演变发展中，旅游直播可以理解成云旅游目前最常见的一种表现形式。未来的云旅游，甚至可以实现远程 AR 体验。游客在家里穿戴上体验设备，商家通过网络把大量真实立体场景传到游客的眼前，游客在家里就能身历其境地体验到去远方探索的感觉。未来的云旅游也会包括旅游直播+视频+远程增强现实（AR）及虚拟现实（VR）体验（购买数字化服务，属于旅游电商）等。

苏子曾曰："惟江上之清风，山间之明月。"江上的清风、山间的明月，听到便成了悦耳的声音，进入眼帘就是美丽的风景，取之不尽，用之不竭。云旅游，正在把江上的清风明月送到我们眼前，让我们"坐地日行八万里"。

【任务1-3】

旅游电子商务与传统旅游商务对比

以小组为单位（每组3~4人），分别从交易流程、信息传播、客户服务、成本结构4个方面，梳理旅游电子商务和传统旅游商务各自的特征，每个方面至少列出3点。根据梳理的特征，制作一个详细的对比表格，清晰地展示两者在各个方面的不同之处。

项目二　相伴天涯——在线旅游服务

教学目标

1. 掌握在线旅游的基本概念；
2. 了解在线旅游的分类、区别和联系；
3. 了解在线服务的基本工作流程；
4. 掌握在线旅游的服务模式；
5. 区别传统企业与在线旅游企业的电子商务服务方式。

小试牛刀

解释一下下列简称的含义，并举例说明。（学生可通过网络搜索查阅教材）

B2B：_____

_____

B2C：_____

_____

C2C：_____

_____

OTA：_____

_____

同课程分段式教学建议

　　本章是关于在线旅游企业的概括学习，教师在授课时，可聘请在线旅游企业人士同台进行讲解，用互动的方式教学。特别地，建议有条件的班级可以到在线服务商的企业进行实地参观、实地交流，以巩固课堂教学效果。

在线旅游服务

导入案例

在线旅游服务平台同程旅游获 10 亿元战略投资①

[资讯] 2016 年 10 月 9 日，腾讯科技讯（韩依民）：10 月 9 日，同程旅游创始人、首席执行官（CEO）吴志祥发内部信，确认万达旅业将与同程旅游大度假实现合并。同程随后对外公布了合并消息：同程旅游旗下的同程国际旅行社（集团）将合并重组万达集团旗下的北京万达旅业投资有限公司。与此同时，同程旅游还宣布其管理层已完成新一轮对公司的 10 亿元增资，继续保持投票权第一的比例。包括万达、携程、腾讯在内的所有同程股东均支持同程旅游的独立发展，并支持公司适时进入资本市场。

[分析]

同程旅游网是中国著名的在线旅游服务企业，万达集团则是进军旅游业的国内著名房地产企业，两者的这次合作彰显着中国在线旅游服务业的机遇。从这一事件的背后，我们可以看到众多的互联网企业及资本的影子，也昭示着在线旅游服务行业在市场的不断竞争和相关企业的变革中，正在酝酿着新的发展机遇。

旅游电子商务是信息技术产业和旅游业协调发展的产物。作为当前全球经济中最有活力的两个行业所共同孕育的跨界商务形式，旅游电子商务在移动互联网技术飞速发展的基础上，迎来了前所未有的繁荣。根植于旅游电子商务的中国在线旅游服务业，用十几年的时间彻底改变了中国旅游服务的方式和格局，推动着传统旅游业态的不断变革，也逐步推动和完成了中国旅游电子商务的用户教育，影响着中国人的旅游文化和理念。目前的中国在线旅游服务，较完整地运用了互联网思维和技术，由于旅游电子商务与一般零售业电子商务体系的不同（没有物流体系的羁绊），中国在线旅游服务在逐步完成了旅游资源与旅游服务的信息化后迅速进入成熟的电子商务化状态，在网络营销、在线销售、安全支付、个性定制、售后服务等各个环节都实现了特有的创新和进化。

在线旅游服务的发展，得益于中国旅游电子商务的进步，在智慧旅游时代，旅游电子商务必将依托于计算机智能、大数据、移动网络的进步和普及，不断升级换代，成为旅游业不断创新的窗口和前台。

①　根据艾媒网 2016 年 10 月 10 日发布的《在线旅游服务平台"同程旅游"获 10 亿战略投资》改编。

子项目一　了解在线旅游服务商

【案例与解析】

有关数据显示，2024 年中国在线旅游服务商市场总交易规模约为 1.47 万亿元，较 2023 年增加了 0.38 亿元，同比增长 34.9%。据 QuestMobile 数据，以年轻旅游人群为研究对象来看，2023 年 3 月在线旅游服务类 App 月活跃用户规模排名前六的是携程旅行、去哪儿旅行、飞猪旅行、同程旅行、华住会、马蜂窝旅游；以家庭旅游人群为研究对象来看，2023 年 3 月在线旅游服务类 App 月活跃用户规模排名前六的是携程旅行、去哪儿旅行、飞猪旅行、同程旅行、马蜂窝旅行、华住会；以银发旅游人群为研究对象来看，2023 年 3 月在线旅游服务类 App 月活跃用户规模排名前六的是携程旅行、去哪儿旅行、飞猪旅行、蚁丛旅游、华住会、同程旅游。整体来看，携程旅行稳居在线旅游服务类 APP 榜首，去哪儿旅行、飞猪旅行位列二、三。

在线旅游服务是将互联网应用于旅游行业而产生的。一般把依托互联网，以满足旅游消费者进行信息查询、产品预定、交易及评价分享等的服务，称为在线旅游服务，它囊括了基于互联网的吃、住、行、游、购、娱的在线服务，与传统旅游产业的门店销售不同，具有明确的互联网基因。

电子商务技术的不断发展，使在线旅游服务能力有了多次跨越式的进步，成为在线旅游服务发展的强劲动力，也使一大批在线旅游服务商得以迅速成长，成为中国旅游服务业的重要力量。

在线旅游服务商是在旅游电子商务的发展中逐步成长起来的。在旅游电子商务发展初期，许多计算机类企业开始为传统旅游企业制作互联网名片、黄页、企业网站，以及提供一些网络服务。由于旅游行业有对信息传播的强烈需求，很多计算机企业很快发现了旅游行业在计算机和网络应用方面的巨大市场潜力，开始专门针对旅游行业提供服务。旅游行业主要是信息流与资金流的流动，很少或极少有物流，这使其具有实现电子商务化的天然优势，并且成为最早一批进入电子商务的产业。传统旅游业服务商也开始将角色逐步转变为"传统旅游业的掘墓人"，他们不断利用互联网优势，"蚕食"传统旅游企业市场，成为一种独立的旅游服务企业。

从世界旅游业发展看，中国的在线旅游服务业还是稍显滞后的。目前全球最大的在线旅游公司是 Booking，Expedia 和 Priceline。作为"三巨头"之一，Expedia 的现有业务部门遍及美国、加拿大、法国、英国、比利时、德国、意大利以及西班牙。Trip Advisor 是 Expedia 旗下品牌，是目前全球最大的旅游社区之一，它在酒店和景点点评服务上拥有绝对领导性地位。

图 2-1 为 Expedia 酒店预订英文界面。

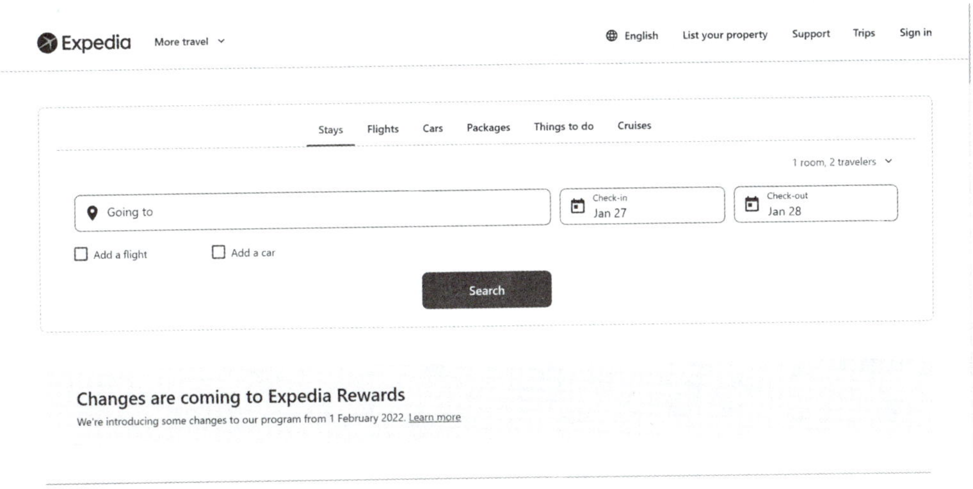

图 2-1　Expedia 酒店预订英文界面

2004 年 12 月，Expedia 成为在纳斯达克上市的艺龙网的最大股东。2009 年，Expedia 在华业务拓展提速，先在 4 月推出旅游点评网站到到网，又在 10 月以超过 1 200 万美元的价格收购旅游搜索引擎酷讯网，再加上已经发布中文网站和 800 电话预订服务的 Hotels. com，Expedia 已经形成了业务范围涉及旅行预订、用户评论、垂直搜索、商务旅行等多个领域的渗透融合平台。此外，Expedia 以与莫泰 168 连锁酒店集团以及锦江之星和格林豪泰两家经济连锁酒店集团签署全球合作推广协议为起点，正在努力通过本地化策略进入中国在线旅游市场。图 2-2 为 Expedia 酒店预订中文界面。

图 2-2　Expedia 酒店预订中文界面

在经历了创新、自由发展和激烈竞争后，中国曾经纷乱的在线旅游服务企业之间开始出现服务同质化趋势，在几年的价格战之后也出现了合并和协作状态，特别是在各个在线旅游服务商背后资本的不断推动下，在经历了多轮重组后，基本上形成了以携程旅行网、飞猪（原阿里旅行）两大巨头为引领，由众多旅游网分割市场的格局。

在对在线旅游企业的商务模式划分时，我们一般会结合自身特点，进行更具特色的分类。一般我们将其划分为：B2C 旅游电子商务平台、在线旅行社（online travel agent，OTA）、旅游资讯分享网站、B2B 旅游交易服务平台等。

特别要注意的是，当前的在线旅游服务企业大多数已经不再属于某一种单一模式，每个企业几乎都具备两种以上的模式特点，所以我们只能按照其主流特点来进行区分。特别是传统企业的互联网化进程加速，让我国的在线旅游服务商的组成日新月异，其服务内容和范围也日益变化。

一、B2C 旅游电子商务平台

中国的旅游类网站在 1996 年开始出现，最开始大多数网站都是企业和行业的信息发布式网站。随着网络技术从静态技术时代进入动态技术时代，采用各种新技术如图文动态、交互模式、即时服务功能的网站层出不穷，这些企业并且逐步具备了开展电子商务服务的能力。其中一些网站在"行业平台热"的背景下，开始向旅游电子商务平台方向发展。最早的旅游电子商务平台的业务多起步于为旅行社、景区等开发旅游信息管理系统、代旅行社发布信息、代旅行社建立电子商务窗口等服务。这些企业在旅游行业迅猛发展的背景下，不断分化，一些杰出者逐步建设成了旅游企业与客户进行电子商务业务的环境平台。

例如，早期的同程旅游、欣欣旅游网、飞猪的前身阿里旅行网等，这些网站早期的电子商务实现模式很多都属于 B2C 的旅游电子商务平台类型，一般也称为平台型旅游电子商务企业。

B2C 旅游电子商务平台最根本的特点是，它作为电子商务环境存在，是独立于拥有产品的销售企业和购买产品的顾客之外的第三方，旅游电子商务平台自身不参与交易，只为交易提供平台环境，是交易环境的提供者，不是直接参与交易的双方中的任何一方。

例如，创办于 2009 年 2 月的欣欣旅游网，曾号称"中国旅游业最大的在线旅游超市"和"全国最大的旅游顾问平台"，是一家面向传统旅游行业提供一体化电子商务服务，重点面向旅行社在线化的互联网技术开发公司。其通过搭建旅游产品网络营销平台，在后台吸引了全国超过 5 万家旅行社加盟合作。前台面向消费者，帮助消费者从浩繁的旅行社及旅行社销售的旅游产品信息中快速找到适合的资讯。消费者通过该平台与旅行社完成交易，参团成行。而这一过程中，欣欣旅游网自身并没有具体产品，真正与顾客交易的是借助网络平台完成销售的旅行社。欣欣旅游网本身只是起到提供网络资讯与交易辅助平台的作用，通过收费的信息服务和交易佣金获得利益。图2-3为欣欣旅游网网站首页界面。

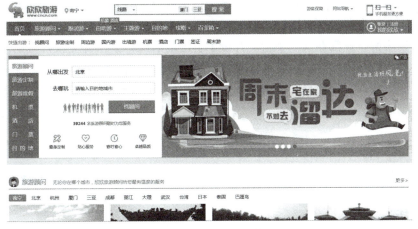

图2-3　欣欣旅游网网站首页界面

　　目前，这一模式依然是欣欣旅游网的重要商业模式之一。例如，我们在从此网上搜索"南宁到百色"的旅游团线路的结果中可以看到，实际出售旅游产品的商家是具体在线下经营的旅行社，而不是欣欣旅游网。图2-4为欣欣旅游网旅游线路推荐示例。

图2-4　欣欣旅游网旅游线路推荐示例

在 B2C 旅游电子商务平台中，最值得关注的自然是 2016 年改名并升级的飞猪，即原来的阿里旅行（最早名字叫作淘宝旅行，后来曾改名为去阿）。飞猪是阿里巴巴集团旗下的旅游事业板块，也是迄今为止，依然最具平台电商血统的 B2C 旅游电子商务平台型的在线旅游服务企业。它源于阿里巴巴，原是一家完全为旅游企业提供电商服务的在线旅游企业。大量中国旅游企业都在这一平台上开设了自己的店铺，早在淘宝旅行时期，阿里巴巴已经在天猫的特色中国项目中，开始注重进行流量倾斜，借助阿里电商生态环境，成长迅速，目前飞猪已经成为中国最大的 B2C 旅游电子商务平台之一。图 2-5 为飞猪旅游出行界面。

图 2-5 飞猪旅游出行界面

在 20 多年的发展中，许多旅游电商平台不断调整以适应市场，一方面，它们开始掌握旅游资源，开发自己的旅游产品；另一方面，它们开始调整经营方式，逐步走向 O2O 模式。并且一些旅游电商平台通过部分直接采购线下产品或者直接利用自己的旅游资源而形成独立产品，在自己的平台销售。现在的旅游电子商务平台，都开始呈现混合平台的特点，单一的旅游电子商务平台都在进行不断改良。

二、在线旅行社——OTA

OTA 是指在线旅行社，是在线旅游服务商的另一个主要类型。它的出现最早来自传统旅游业经营的思维。由于早期的面向旅游者的旅游组织主要是旅行社，而在网络服务进入旅游业后，旅游服务商开始通过网络平台更广泛地传递旅游产品信息，并升级原来传统的旅行社销售模式，通过互动式的沟通方式进行服务，更方便客人的咨询和订购。由于初期的 OTA 被认为是旅行社的网络形式经营，人们没有将其看作互联网旅游业态发展的一个阶段，以至于现在还有很多人把基于互联网的旅游企业统称为 OTA。从中我们可以看到旅行社作为旅游业核心的这一历史痕迹。但从实质性的商务模式上区分，我们还是把一些与旅行社经营模式相似，主要从事旅游产品中介性服务的在线服务商称为 OTA，携程旅行网是其中典型的代表。图 2-6 为携程旅行网首页。

图 2-6　携程旅行网首页

携程旅行网是中国成立比较早的 OTA 企业，也是目前中国最大的在线旅游企业之一。它创立于 1999 年，其在发展初期是一个典型的在线票务服务类公司，是中国当时最领先的酒店预订服务中心。2002 年 3 月，携程并购了北京海岸航空服务有限公司，迅速进入机票在线销售市场，其后来又逐步拓展经营范围，开始出售景区门票、酒店以及旅行社类产品。2003 年 12 月，携程旅行网在美国纳斯达克成功上市。

后来，携程旅行网发展迅猛，在短时间内合并了去哪儿网、艺龙网（二者依然独立运营），是中国目前市场占有率最高的 OTA 企业。

其旗下原来的去哪儿网于 2005 年 5 月成立，它最初并不是 OTA，而是作为中国首创的旅游搜索引擎出现的，它可以帮助使用者比较国内航班和酒店的价格和服务，目标是协助消费者搜索到最有价值的机票、酒店、签证、度假线路和其他旅游服务。其凭借搜索技术，对互联网上的机票、酒店、度假和签证等信息进行整合，为用户提供及时的旅游产品价格查询和比较服务，让消费者可更全面地搜索全国各地的各种等级与类别的酒店。其后，去哪儿网开始涉足 OTA 业务，特别是合并进入携程旅行网的去哪儿网已经成为拥有自己忠实用户的 OTA 之一。

而携程旅行网最先收购的艺龙旅行网则是中国曾经排名前三的 OTA 之一，艺龙旅行网通过官方网站、24 小时预订热线以及手机艺龙网为消费者提供强大的地图搜索、酒店360 度全景、国内外热点目的地指南和用户真实点评等在线服务，使用户可以在获取广泛信息的基础上进行酒店、机票和度假等全方位的旅行产品预订服务。图 2-7 为艺龙旅行网首页。

在相当长的一个发展历程中，包括携程旅行网收购的多家企业在内，其主要经营项目可以归结为：向合作旅游资源企业采购线下产品，然后通过自己的线上渠道进行销售。OTA 业务的实质就是通过互联网完成了传统旅行社的业务，OTA 作为网络中介出现在传统旅游业与游客之间，通过网络整合各种旅游资源，采用分别单销售和组合销售的方式获得销售中间利润。

图 2-7　艺龙旅行网首页

三、旅游资讯分享网站

　　虽然人们关注更多的是旅游电子商务的结果，但旅游在线服务商的首要任务是提供优质的旅游资讯服务。只有通过旅游资讯在网络上的有效传播，才能成功实现商家与用户的沟通，并最终为用户出行提供完善的商务服务。

　　顾客要想在海量的旅游资讯中找到自己所需的东西，若单纯依靠搜索引擎等工具，既不专业，也不方便。这就要求在线旅游服务类网站能够为顾客提供专业的服务资讯分享。旅游资讯的分享几乎存在于所有的在线旅游网站中，而其中一些网站则是将旅游资讯分享作为其核心服务，这一类网站在在线旅游服务中占有重要地位，其中最具代表性的是马蜂窝旅游网。图 2-8 为马蜂窝旅游网首页。

图 2-8　马蜂窝旅游网首页

　　马蜂窝（原名蚂蜂窝）旅游网创立于 2006 年，从 2010 年正式开始公司化运营。马蜂窝主要通过口碑获得用户，截至 2024 年年底，马蜂窝已积累 1.3 亿名核心用户。马蜂窝提供全球 60 000 个旅游目的地的旅游攻略、旅游问答、旅游点评等资讯，还有酒店、交通、当地游等自由行产品及服务。马蜂窝的景点、餐饮、酒店等点评信息均来自数千万用户的自主分享，每年帮助过亿的旅行者制订自由行方案。马蜂窝旅游网站在自由行消费者的角度，帮助用户做出最佳的旅游消费决策。UGC（用户创造内容）、旅游大数据、自由行交易平台是马蜂窝的三大核心竞争力，社交基因是马蜂窝区别于其他在线旅游网站的本质特征。马蜂窝旅游网的目标是为全球的自由行消费者提供靠谱、有爱、值得信赖的旅行信息，以帮助他们更好地进行消费决策，并获得高性价比的自由行产品及服务。

　　而除了专门的旅游资讯服务商外，很多门户网站、跨行业的网站也积极参与到旅游资讯业务中，承担一定的在线旅游服务业务，特别是一些社交媒体如新浪微博、微信公众平台等，它们被旅游企业用来进行自媒体开发以及在线服务，也是提供在线旅游资讯服务的重要组成部分，它们在在线即时服务方面具有很大优势。以新浪网的旅游频道为例，作为中国最早的一批门户网站之一，新浪网凭借其庞大的网站流量、博客平台、微博平台的协同合作，构建了一个备受中国旅游企业重视的网络营销环境。很多企业构建起了全方位的网络营销体系，该体系融合了多种在线渠道以有效推广其旅游业务。具体而言，这些企业通过官方网站发布详尽的企业旅游资讯，确保信息权威且更新及时，为潜在客户提供丰富的旅游产品和目的地介绍。同时，利用新浪博客平台发布软文，以更为轻松、故事化的方式传递品牌价值和旅游体验，增强读者的情感共鸣与信任度。

　　此外，旅游体验师通过个人微博账号，对旅游过程进行实时分享与互动，这种第一手的旅行见闻和感受极大地提升了内容的真实性和吸引力，激发了粉丝的参与热情，形成了良好的口碑传播效应。这些微博分享不仅包含了精美的图片和视频，还常有实用的旅行攻略和贴士，进一步丰富了用户的旅游决策信息源。

　　在此基础上，企业还通过开设并运营官方微博，不仅作为信息发布的又一重要窗口，更是实现了在线即时客服的功能。官方微博通过快速响应消费者的咨询、投诉与建议，有效提升了客户服务质量，增强了用户粘性。这种即时互动不仅有助于及时解决客户问题，还能根据市场反馈迅速调整营销策略，保持企业的市场敏锐度和竞争力。

　　综上所述，通过整合官方网站、新浪博客、旅游体验师微博以及官方微博等多维度网络资源，企业成功构建了一个高效、互动、全面的网络营销体系，有效推动了其旅游电子商务工作的深入发展，促进了品牌影响力的扩大与市场份额的提升。

四、B2B 旅游交易服务平台

　　正如电子商务行业发展的普遍规律所示，旅游业的企业间电子商务（B2B）起步很早，是旅游业电子商务交易的重要组成部分。但由于它是在旅游业行业内部运营，并不为大众所熟知，因此在用户层面没有太大的知名度。

这些隐匿于大众视野之外的企业间旅游电子商务平台，大多起源于旅游行业批发、旅游同业间的商务合作。传统的旅游批发商以旅游中间商、旅游服务中间商的形式存在，可以大大节省旅游产品生产者在产品销售上所花费的时间与精力，方便旅游产品生产者把旅游产品分销到更远的地域。这既有利于发挥生产企业在旅游产品生产方面的专长，也有利于发挥旅游产品与服务中间商在经销方面的特长，从而形成旅游产品生产者和经营者"共赢"的局面。

B2B 旅游交易服务平台就是这类旅游中间商互联网化的产物。但是随着互联网思维和技术的发展，B2B 旅游交易服务平台已经成为独具特色的旅游电子商务形式。目前，旅游 B2B 平台可以分为两种模式。

第一种是供应商或联盟自建的渠道运营模式。它是通过吸引原有的经销商在系统上查询下单，这种模式仍然是把线下业务放到线上而形成的 B2B 平台，在行业内部交易，不针对直接的 C 端用户。但这种模式不够开放，供应商只是借助网络参与了信息共享和部分交易结算。企业的参与度和企业所在的地域范围是限制其发展的瓶颈。

第二种是开放平台模式，如旅游圈和欣旅通。这种同业交易平台通过整合形成了交易闭环和旅游生态圈，特别是兼顾了各种直接面向消费者的问题。这种模式下的平台不仅具有企业间交易能力，还具有一定的零售能力，分为由 B2B 向 C 端拓展和由 B2C 向 B 端拓展两种倾向。

旅游产业是比较典型的现金流充裕、低毛利、资源分散行业，旅游产品的需求逐渐向个性化、碎片化转移，目的地产品多而分散，更加需要 B2B 平台的交易整合。对于旅游 B2B 交易服务平台来说，其最大对手就是传统旅游业同业渠道，其中最有代表性的旅游 B2B 交易平台是旅交汇网站，这是同程网（苏州同程旅游网络科技有限公司）旗下网站，原名中国旅游交易网，为包括旅行社、酒店、景区、交通、票务代理等在内的旅游企业提供专业的交易、交流和信息化管理服务。

同程旅游网得益于其 B2B、B2C、C2C 体系的全面构架，而旅交汇网站具有良好的网络生态环境优势，二者相互连接与协作，天然具有一定的终端销售功能。图 2-9 为旅交汇网站首页。

图 2-9　旅交汇网站首页

目前，B2B 旅游交易平台已经迈入了一个全新的发展阶段，其主流趋势在于利用互联网进行改造，以降低原有的人力和营销成本，进一步缩短产业链，从而实现新的利润分配体系。这一变革使得 B2B 旅游交易平台成为旅游经济运转的效率放大器。特别是在众多细分市场中，涌现了很多专业的细分 B2B 平台，如 Tour Ex B2B2C、51book 商旅平台等。

未来，旅游行业的大整合已成为一个必然趋势。无论是交通、住宿向餐饮、娱乐产品的横向业务范围拓展，还是从目的地旅游产品供应商到客户的纵向产业链延伸，乃至从国内到全球的旅游产品拓展，都为 B2B 旅游电子商务服务平台发展留下非常大的市场空间。

【任务 2-1】

平台功能优化建议

以小组为单位（每组 3~4 人），选择某一在线旅游平台，找出该平台其至少 3 个可优化的功能，并制订一个详细的改进方案。

子项目二　了解在线旅游服务模式

【案例与解析】

在 2015 年，"飞猪旅行"的前身——阿里旅行，曾经遭到在线旅游行业领头羊携程旅行网的封杀。引发这一事件的原因有很多，但最为重要的一点是，当时的阿里旅行依托阿里巴巴集团，沿用了阿里巴巴淘宝系的纯平台运营模式。商家入驻阿里旅行后，可自主经营。由于携程当时也正在由传统的 OTA 逐步向平台化转型，阿里旅行的这一举措无疑对携程的行业霸主地位构成了严峻挑战。

我们分析其中原因就会发现，不同的在线服务商都在摸索自己的服务模式，在线旅游服务在行业发展初期，经历了不同的发展和探索后各自成长，不同的企业都取得了长足的进步。但在线旅游市场进入薄利时代后，竞争日趋激烈。企业之间互相学习，取长补短，扩容完善，也必然因为综合布局产生同质化发展的倾向。

一、中介服务模式

从在线旅游服务出现起，它的信息服务功能就是其最大的竞争优势。因此，通过信息资讯吸引和占有用户资源，提供信息和商务服务实现中介服务功能并获得商业回报，是所有在线旅游服务的基本目标。中介服务主要分为商务过程中介和信息中介两种。

商务过程中介一般由在线旅游服务商代销传统旅游产品，如机票、酒店客房、景区门票等，通过销售分成或收取佣金方式，获得商业利益。目前主流 OTA 大多数就是靠销售的分成赢利。对于 B2B 旅游交易服务平台和 B2C 旅游电子商务平台来说，它们主要依靠收取平台使用费、广告费用及部分佣金来获利。图 2-10 为旅程同行旅行社管理软件分销系统促销页面。

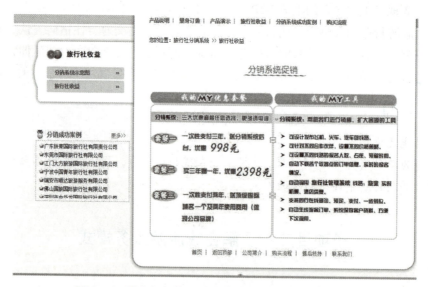

图 2-10　旅程同行旅行社管理软件分销系统促销页面

在各种在线旅游服务企业中，有很多专门从事信息中介的旅游信息资讯网站，这也是我国旅游网站中发展最早、模式最成熟、受众最多的一种类型。该类网站大多依靠广告收入、流量分成获利，它们又可以细分为两个小类：一是综合门户网站的旅游频道，二是专业提供信息的旅游网站。

第一类的特点是自身流量大、点击率高、资源多。它们一般将"建立权威的旅游信息交流平台"作为发展战略的主要方向，同时经营网上营销代理，提供预订酒店、设计旅游线路、经营交通票务和设计旅行计划等服务。例如，新浪网旅游频道、搜狐网旅游频道、网易旅游频道、腾讯网旅游频道、凤凰网时尚·旅游频道等。

第二类专业提供信息的旅游网站的最大特点是信息全面。它们可以帮助旅游者获得出游信息较全面的场所。例如，乐途旅游网，号称中国最大的旅游信息门户网站，它以丰富的资讯、百万注册网民和上万注册企业为依托，为世界各地在中国旅游的人们提供帮助，类似的还有游多多旅行网、九游网、遨游网等。

二、自有产品的直接销售模式

随着传统企业的电子商务化改造的深入，许多掌握旅游产品资源的企业已经实现了自营，如酒店客户、景区门票的自主官网销售。它们在经历了多年的电商平台外委（委托销售）销售后积累了经验，培养了队伍，完成了用户教育，完善了销售体系，建立了自己的网上渠道，在逐步谋求自主销售、提高利润的同时，也增强了对经营活动的掌控力。

除了自主平台的销售，各企业还借助旅游电商平台进行直接销售，如在飞猪平台上开店自营销售，充分借助大平台的流量提高销售量。例如，如家酒店不仅在自己的官网上进行销售，在飞猪上也设立了自营店进行直营销售。图 2-11、图 2-12 分别为如家官网和飞猪官网的如家北京前门店销售界面。

图 2-11　如家官网上的如家北京前门店销售界面

图 2-12　飞猪网上的如家北京前门店销售界面

如家酒店的电商模式具有典型的自有产品销售特征。酒店业虽然是典型的传统旅游行业，但如家酒店却具有鲜明的互联网基因。2001 年 8 月，著名的 OTA 携程旅行网成立了唐人酒店管理（香港）有限公司。该公司旨在国内拓展经济型连锁酒店业务，主要聚焦于将 3 星级及以下的宾馆纳入唐人品牌的连锁加盟体系，并将特许经营作为其核心商业策略。2001 年 12 月，公司正式将"如家"（Home Inn）定为品牌名，并申请注册商标（曾用名为"唐人""朋来"）。2002 年 5 月，华东地区第一家如家酒店——上海世纪公园店，改建工程开工，同时标志着如家酒店把"直营店"作为品牌发展的重点。2002 年 6 月，携程旅行网与首都旅游集团正式成立合资公司，定名为"如家酒店连锁"，如家酒店是其核心品牌。

由于自身典型的互联网基因，如家酒店在创建之初就实现了互联网化的管理与经营。除了依靠携程旅行网的营销迅速成为经济型酒店的标杆，如家酒店还很早就实现了会员化管理，并实现了如家酒店官网的电子商务直营的模式。

三、重组产品再销售模式

受到在线服务商可提供产品种类的限制，在线旅游企业经营范围开始向线下延伸，它们努力拓展自己的旅游资源，开发自己的旅游产品。同样，一些旅游资源企业也开始自主开发旅游产品，以自己的资源为基础拓展经营范围。于是，一些被重组后的新产品就诞生了。这些旅游资源企业将采购的产品与自营产品进行组合后再投放市场，具有更强的市场竞争力。例如，某特色两日游产品，其中的产品组合可能是由景区自营，酒店、餐饮采购，交通产品自营组合而形成新的产品，该产品通过 OTA 或者景区自主的在线平台销售。

谈起旅游电商，客栈民宿产业是这一模式的最好实践者。作为特殊的住宿形式，同标准化的酒店相比，客栈、民宿具有更多个性化经营的特色。客栈、民宿由于具备更多的本地特色，具有丰富的文化和内涵，更轻松的社交氛围等，逐渐吸引越来越多的游客。而客栈、民宿行业的这些特点也决定其将成为旅游资源中的重要环节。客栈、民宿通常依托周边旅游资源,向游客提供具有当地特色的经营项目,且这些经营项目与其他旅游产品具备较强的协同性和融合性。很多客栈、民宿的收入,并不是来自客房的销售,而是来自周边产品的销售。游客也更愿意在客栈购买当地产品,因为客栈经营者作为资深"本地人",对目的地的吃喝玩乐了如指掌,他们为游客提供的旅游相关产品更具有可信度。图 2-13 为乌镇民宿的重组销售产品。

图 2-13 乌镇民宿的重组销售产品

在景区、民宿客栈的旅游电子商务中,我们可以看到很多类似的产品。随着旅游企业对旅游资源的进一步控制,重组产品项目成为资源型旅游企业进军旅游电商的最佳选择。

近年来,自媒体的社交型电商模式高速发展,旅游企业利用微博、微信公众平台精准吸引顾客,利用在线服务平台以及自己的交易平台实现销售的重组产品成为主流趋势。支持特色的企业市场细分和特色的重组产品开发将成为推动旅游业发展的一股新力量。

四、个性化定制服务模式

随着旅游电商技术的飞跃和旅游电商市场的扩大和成熟,游客的个性化需求日益得到很好的满足,并逐步催生出新的线上旅游服务特色。

众多有个性化需求的用户,借助旅游电商的独立产品销售特点,自由组合购买,形成个性化的旅游产品组合。但在这一人群的推动下又催生了一种新的服务模式,即服务商提供个性化定制服务接口。将个性化需求通过个人定制方式向在线服务商提出,由服务商专门为其定制产品,再打包销售,这种方式既有效发挥了专业旅游人员的特长,又最大限度地满足了顾客需求。借助大数据技术,在线服务商可以有效提供专业的咨询和相关服务;另外,还可以借助网络优势,收集分散用户的需求形成批量优势,从而降低定制成本。这种超小众的个性定制产品兼顾了顾客的需求和性价比，给顾客带来超值体验。例如，目前流行的各种自助游产品，多属此类。图 2-14 为途牛官网某定制产品界面。

图 2-14　途牛官网某产品界面

许多自由行产品，目前已经成为在线旅行服务商的重要服务项目。特别是一些小众的旅游需求，通过一些小众人员的强关系性社交组织就可以实现在线服务。例如，旅游企业针对一些很特殊、相对稀缺的高端旅游资源，并不通过大众化的旅游电子商务平台进行推广，而是通过微信公众号、QQ 群、微博群或是微信群等实现营销，再通过支付工具（如支付宝）实现交易，有针对性地进行产品定制和服务。

这一类产品由于灵活、自由，又可以为游客提供最基础或者最急需的服务，深受有独特需求的游客的青睐。

【任务 2-2】

模式对比分析

以小组为单位（每组 3~4 人），对比 OTA 模式和旅游供应商直销模式，要求详细对比它们在价格策略、产品种类、客户服务、盈利方式等方面的差异，并用表格形式呈现。

子项目三　了解传统旅游企业电子商务化在线服务

【案例与解析】

2015 年 4 月 23 日，在暑期旅游旺季到来前，众信旅游、国旅总社、中青旅、中旅总社、竹园旅游、华远旅游、凯撒旅游、中信旅游总公司、神舟国旅等 17 家旅行社发布了一份共同署名的声明，表示由于"不合理的低价"，决定停止向途牛旅游网提供 2015 年 7 月 15 日及以后出发的旅游产品。途牛旅游网随后声明，称因众信旅游在没有任何沟通的情况下单方面中止合作，途牛决定即日起下线众信旅游的全部产品。

随后，国家旅游局出面进行了干预。这一事件被称为："众信屠牛"事件。

这一事件反映出：旅游业进入"互联网+"时代后，传统旅游企业与在线旅游企业之间协调合作中的问题。与旅游网络企业相对应的传统旅游企业，一般是指早期资源性旅游企业和早期的旅行社，它们由于发展历史较长，已经形成一定的固定模式和行业规则。但在进入互联网时代后，它们将面临行业电子商务化的挑战。这些企业在实现华丽转身后，依然是旅游行业的中坚力量，它们的在线服务是旅游电子商务的重要组成。

一、资源型旅游企业的互联网化改造

传统的资源型旅游企业以景区类企业、餐饮住宿企业、交通服务类企业及旅游商品零售型企业为代表，在互联网时代，这些企业都在向互联网化转型。

互联网带来了互联网思维。在互联网时代，怎样把更多的元素和要素整合起来，让酒店、旅行社等旅游企业创造出更高的价值，为用户提供更好的服务，是资源型旅游企业面临的挑战。这些企业在互联网时代正发生着巨变，传统旅游时代比拼的是旅行社的产品整合能力，而在互联网条件下的全域旅游时代，新型的产品的开发和经营的创新能力更为重要。互联网时代的需求变化导致了行业的巨变，这个巨变是传统旅游企业的一个新机遇。

用传统的方法已经无法解决这个矛盾，只有用新思维，比如用共享经济的思路，以及新技术、物联网、大数据和云计算等技术去破局。

例如，依据大数据服务，如果判断一个用户是一个商旅型用户，那么就可以向他推荐在工作地点附近的酒店；如果他是一个"小清新"或"90后""00后"用户，那么他可能更看重休闲体验和新鲜感，可以向他推荐民宿。

二、中介型旅游产品的互联网化

在传统旅游业中，旅行社是最具影响力的中介型企业，常见的传统旅游产品，主要来自旅行社业。初期的旅游电子商务表现形式多为这种传统旅游产品在网上的销售。后来随着机票、酒店的产品开始独立销售，以及铁路客票实名制等相关制度的推行，旅行社业务逐渐呈现出分化趋势，起初，普遍的传统旅行社主要将中介产品移至网上销售；随后，这一模式发展为销售自营特色产品；到后来，更是拓展至个性化定制产品的销售。

三、基于互联网思维的旅游资源重组

在互联网思维的影响下，旅游业正朝着休闲度假、全域旅游方向蓬勃发展。这一趋势体现为旅游行业经营理念的深刻变革。未来，掌握旅游资源的企业将真正拥有话语权。因此，线上旅游企业纷纷在线下寻求合作和重组，而线下企业也加速向线上转型，整个行业正在重塑旅游资源的全新格局。

子项目四　探索在线旅游服务的发展方向

【案例与解析】

2016 年 10 月 27 日，"阿里旅行"升级为全新品牌"飞猪"，旨在让天下没有难做的生意。启用新品牌"飞猪"，阿里旅行提升品牌识别度的战略举措。新品牌飞猪最为核心的两个关键点：聚焦出境游体验、聚焦互联网创新。飞猪计划与欧洲诸国深度合作，呈现各大热门目的地的旅行资源，并在当地建设地面实体服务站，为中国游客提供中文服务。除了资源和营销上的合作，飞猪也将继续深化行业互联网创新，2016 年 10 月 28 日，飞猪的出境超市上线。

在线旅游服务的产生源于互联网高速发展和电子商务技术的完善，在大数据逐渐积累的条件下，基于移动互联网的旅游业在线服务必将再次突破原有服务的范围和方式，成为新旅游业服务的主要载体。

一、在线旅游服务的外延扩展

就目前的在线旅游服务而言，其已经整合了旅游业中传统的资源和服务范围，但仍有巨大的前进和拓展空间。例如，以"滴滴出行"为代表的交通分享业态，以"途家"为代表的旅游不动产分享业态等，都正在快速发展。特别是智慧旅游基础建设的发展，必将使在线旅游服务的外延扩展到日常出行、社区生活、候鸟养老、运动休闲、远程医疗等方面。

"新美大"的诞生最有效地诠释了这一变化，"新美大"是人们对著名的美团团购网和大众点评网合并后公司的称呼，它们的合并是在线旅游服务行业发展的经典案例。

最早这两家公司都不是专业的旅游类网站，而是典型的 O2O 公司，两家公司业务范围都很广，都是从旅游业相关的一个要素的不同侧面入手，进而发展成在线旅游服务商，两家公司都具有很强的 OTA 属性，进而也把在线旅游服务商的外延扩展到了社区生活领域，图 2-15 为美团网站首页。

美团团购网最初是从团购网站发展起来的，它经历了中国团购网站的"千团大战"后独树一帜，成为团购业界之首。从美团网的主页上的分类我们可以看到，其服务内容除了传统的社区服务（美食到店餐饮、到店综合、外卖配送、电影、KTV、休闲娱乐、生活服务、丽人）以外，还有很多 OTA 的经典服务（酒店、周边游、购物等旅游事业群），以及广告平台、支付平台等板块。美团的经营模式是对旅游业在线服务发展的有效探索。

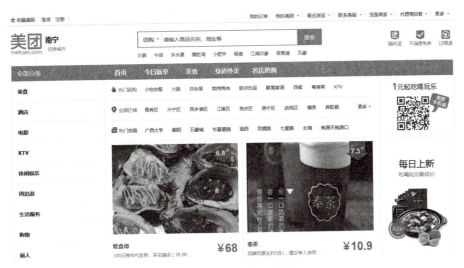

图 2-15　美团网站首页

大众点评起源于餐饮点评业务，原来其主要经营方向是餐饮业的营销与团购业务。目前大众点评已经拥有与旅游相关的美食、休闲、亲子、结婚、周边游、购物、酒店等众多的业务模块。图 2-16 为大众点评网首页。

图 2-16　大众点评网首页

综合两家公司来说，它们在进军传统旅游服务领域的同时，对与生活服务及休闲旅行领域也实现了完全覆盖，已经成为一个基于 O2O 的"互联网+"平台，把与生活息息相关的生活服务产业、旅游服务进行连接。这样一个新型的在线旅游服务商，已经把在线旅游服务的外延扩展到生活社区领域，与智慧旅游、全域旅游的发展理念不谋而合。

由此可以预见，未来很多领域都能与在线旅游服务融合，在线旅游服务也必然会拓展自己的服务范围。在如此多元变化的世界，在线旅游的外延扩展空间无限宽广。

二、在线旅游内涵的完善

在线旅游服务的内涵从在线旅游诞生开始就被不断丰富。随着时代进步和技术的发展，站在大数据时代、旅游 IP 化的大风口上，在线旅游服务内涵也必将不断完善。例如，通过大数据，在线旅游服务商可以准确预知客流趋向，提前介入服务；在线旅游服务商可以知道游客喜欢什么样的产品，进而提高服务精准度和服务质量；公共服务提供商还可以知道游客需要什么样的公共服务，进而提升旅游公共服务水平，等等。

在线旅游服务依托电子商务技术的进步而迅速发展，从简单的电子邮件技术到 web 2.0 技术、视频压缩技术、实时通信技术再到安全支付技术的普及应用，让在线旅游服务内容也从基础的单向信息通信经历了信息互动、线上签约、线下支付，到线上完全实现订单交易的一次次进步。每一项技术的进步都印证了在线旅游服务的创新发展。例如，虚拟旅游可能成为在线旅游服务的新内涵。未来通过互联网或其他载体，我们能够真正实现虚拟结合实景的 360 度的全景环视，取代现在的照片、视频和文字介绍的简单罗列，将旅游景观动态地呈现在人们面前，使人们能够进行模拟体验。这一进步将从很多方面丰富在线旅游服务的内涵。

首先，基于这种服务，虚拟旅游有望成为传统在线旅游服务的一种重要补充。现有的在线旅游网站还不能提供最完整、即时的旅游信息，以规划自己的旅游行程。大部分的用户会通过搜索关键词得到未经整理、核实的海量信息，但从中甄别出准确有效的信息需要一定的时间和精力。而虚拟旅游可以帮助旅行者进行最直接的旅行线路设计，提前在网上"探路"等。让旅游爱好者根据自己的意愿来选择游览路线、游览时间，还可以让他们足不出户就能在出发前预览远在万里之外的风光美景。

其次，这一服务也是一种开拓新市场、增加新盈利点的有力手段，它不仅可以弥补一些由于特殊原因所丢失的旅游市场，也可以通过自身的技术优势，很好地促进传统旅游业的发展，并为传统旅游业提供更好的辅助作用。例如，它适用于收入相对较低的人群、残疾人士、年老者等弱势群体，方便那些受时间、金钱限制的旅游者。

最后，除了技术的支撑，在线服务的内涵因为旅游文化的发展、旅游方式的创新、旅游外延的扩展而不断深化。特别是伴随着旅游活动的大众化和日常化，在线旅游服务的美学内涵也成为一种趋势，在吸收大量当代旅游文化、自然美学、环境美学、生态美学、景观美学、艺术美学等相关内涵的同时，围绕旅游活动所衍生出来的旅游美学也将充实旅游在线服务的重要内涵。我国历来有"行万里路，读万卷书"的说法，国外则有"游遍天下，学到一切"的认识。自古以来，旅游不仅是一项怡情悦性的综合性审美活动，而且旅游活动也体现着旅游者的人生态度。它以直接体验为特征，追求的是物质与精神的双重享受。

总之，在线旅游服务已经成为旅游业的基本形态，也逐步完成从商家盈利手段到旅行生活助手的内涵升级，其属性已经超越了简单商务平台的基本概念，并完成了向商家与游客、游客与游客互动的生活体验平台的转变。

三、在线旅游服务的国际化趋势

随着近年来游客出国需求的增加，各种在线旅游服务商先后将经营触角伸向出境游，各种国际化的在线旅游服务正在迅猛发展。目前几乎所有国内知名的在线旅游服务企业都已经完成了境外旅游的在线服务布局。

随着 2016 年携程网与去哪儿网的合并，在线旅游企业在国内的竞争和割据进入了一个新的阶段，境外度假游市场成为"最后的蓝海"。几乎全部在线旅游企业都在继续将国内在线旅游产品做深、做好的同时，开始增加在国外的客源开发方面的投入，力争海外市场的份额。国外旅游市场将是中国在线旅游服务企业下一步的主战场。

号称"中国领先的在线休闲旅游公司"的途牛旅游网，在境外布局方面持续加大直采力度，不断整合全球机票、酒店、地接等优质资源。2015 年 6 月，途牛旅游网首家境外目的地服务中心在马尔代夫正式运营；2015 年 8 月初，途牛与北马经济走廊执行机构（NCIA）达成战略合作；2015 年 12 月 16 日，途牛巴厘岛服务中心正式运营。2015 年途牛香港子公司成立。

作为在中国旅游电子商务企业中最先具备了 B2B、B2C、C2C 三个平台的同程旅游网，也在境外设立了几家合资公司。2015 年 11 月，同程旅游与日本第一大旅行社日本 HIS 国际旅行社成立合资公司；2015 年 12 月，同程旅游与韩国乐天观光股份公司成立合资公司；2016 年 2 月，同程旅游与玩美假期达成战略合作，在泰国成立合资公司。

而飞猪则在境外举办的启动仪式更直接地表达出自己的经营意图，即把业务发展重心放在出境游上，瞄准的是"互联网下成长起来的一代"——"85 后""走遍全球"的消费升级需求。新品牌飞猪最为核心的两个关键点是聚焦出境游体验、聚焦互联网创新。飞猪平台上有多家境外航空公司开设了旗舰店，包括芬兰航空、美国航空、全日航空和肯尼亚航空等。这些旗舰店不仅提供了丰富的航班选择，还为消费者带来了诸多优惠和便利。与此同时，万豪、雅高、温德姆、香格里拉、悦榕庄等全球知名高端酒店集团也已入驻飞猪平台。芬兰、意大利、英国、荷兰、法国、瑞士、德国以及捷克等国家已经在其平台上开通旅游国家馆。飞猪还在计划与欧洲诸国深度合作，一站式呈现各大热门目的地丰富的旅行资源。除了资源和营销上的合作，飞猪也将继续深化行业互联网创新，除了已经广受好评的未来酒店、未来景区等创新，新的"出境超市"从技术层面将出境自由行的多品类商品要素化、精选化、便捷化，方便用户选购和搭配。图 2-17 为飞猪网站首页。

图 2-17　飞猪网站首页

而飞猪所属的境外商家已经可以使用阿里的一些创新产品。例如，新加坡当地的部分酒店也将陆续加入"未来酒店——信用住"计划，信用良好的中国游客，即使走出国门也可享受到温暖贴心的酒店入住体验。

随着在线旅游国际化的发展，未来的在线旅游服务竞争是综合资源的竞争，也将越来越理性。价格战等"烧钱"行为将会逐步减少，旅游服务商会更加注重提升用户的体验、口碑和行业的效率。因为只有注重用户口碑，提升用户体验，为用户创造价值，一家企业才能够长期生存下去。特别是在国际化过程中，有大量金融资本进入，在资本支持下的在线旅游服务商之间单纯依靠"价格战"是无法持续的，也是投资者所不愿意看到的。

总体来说，我国以旅游电子商务为核心的在线旅游服务的国际化发展刚刚开始布局，其规模还非常小，国际化战略尚未有效突破，迫切需要进一步加快国际化步伐。

四、旅游新零售业的探索

2016 年 10 月 13 日，阿里巴巴董事局主席马云在云栖大会上表示，纯电商时代很快会结束，未来 10 年、20 年，将只有"新零售"这一说。也就是说，在互联网思维的推动下，线上线下的有机结合，将催生新零售。对于 B2C 旅游电子商务平台、OTA 或者传统旅行社来说，它们本质上都属于中介性零售企业，未来旅游企业将更多的是旅游资源经营者在互联网环境下进行零售。

新零售业可以概括地理解为：通过商品经营人，以用户体验为中心，更关注服务他人的视角，更关注未来和长期收益。这将重塑旅游业格局，企业更重视用户体验，更重视用户体验后的评价、口碑。旅游新零售业主要表现为旅游消费者的体验与分享会对企业造成长期影响。因此，在通向旅游新零售业的发展道路上，运用互联网思维、借助旅游电子商务技术（包括 VR 技术、视频技术、实时分享、远程体验等技术），旅游新零售业必将呈现出崭新的面貌，在众多的发展方向中，在线旅游服务的知识产权（IP）化和生活化最值得重视。

　　IP 就是知识产权，它是一种无形的财产权，也称智力成果权。通俗地讲，知识产权是关于人类在社会实践中创造的智力劳动成果的专有权利。也正因如此，IP 代表着个性和稀缺性，它体现商品的核心价值，能够化解同质化的价格战。旅游景区的 IP 就是简单鲜明、有特色的元素和符号，它赋予旅游景区独特的性格特点，也赋予了景区生命力。打造自己的 IP，它可以是一个故事的再现，也可以是影视、游戏或者传说的再现。在旅游景区具备了特色 IP，并且将其提炼和整合变成超级 IP 之后，就意味着该景区拥有了大量数据、客户群，还有流量。传统的旅游 IP 的经典案例就是迪斯尼乐园。迪斯尼有整套的旅游 IP 体系，近千部广为传播的旅游形象片（电影），比如白雪公主、唐老鸭等，这就是特点中的点。当点连线的时候，比如以城堡为中心的旅游体系就形成了童话体系风格，围绕这些打造适合的旅游产品，最后形成现在的旅游目的地——迪士尼乐园。在未来的移动互联网环境下，建设和实现旅游 IP 对旅游新零售业非常有益，会成为普遍使用的模式。

　　旅游新零售业的另一个发展方向是生活化。随着旅游业的发展，旅游与生活的界限会逐步模糊。人们越来越不满足于偶尔的一次异地出游，旅游活动与生活内容开始接近和连接，这就要求在线旅游服务必须努力探索其他角度的线上线下的无缝连接，打破固有的旅游零售业界限，重视与之相关的更多行业，适应不断改变的旅游业格局和消费方式，使旅游新零售业成为未来生活的新平台之上的新产业。例如，旅游商品的生活化就很具代表性。传统的旅游商品往往是与旅行目的地相关的特色纪念品，但目前其品种和类别已经悄然改变，已经出现的有如 O2O 销售的旅行用服装、可日常使用的创意手工制品、游客参与的文化活动等。

　　旅游新零售业态的旅游产品、旅游商品的丰富与在线旅游服务的发展是共生的，在大数据日益发展条件下，游客在旅游过程中的体验与分享对此将产生越来越显著的影响。与时俱进、不断创新是未来在线旅游服务业生存的根本。

【任务 2-3】

新方向创意提案

以小组为单位（每组 3~4 人），讨论在线旅游可能的新发展方向，如元宇宙旅游体验、老年旅游在线服务新模式等，每个小组提出一个创意提案。

项目三　品评天下——餐饮业电子商务

教学目标

1. 掌握餐饮业电子商务的基本概念；
2. 了解传统旅游餐饮业在互联网影响下的变革；
3. 了解大众点评与美团等网站；
4. 了解外卖餐饮网站对餐饮业的影响；
5. 掌握餐饮业的"互联网+"的概念；
6. 了解"互联网+"时代新兴餐饮业的发展。

小试牛刀

列举 3 种餐饮类电子商务应用场景。

_____

_____

_____

_____

同课程分段式教学建议

　　本章涉及众多的餐饮业案例，建议聘请当地餐饮从业人员同台讲解，以互动方式进行教学。特别地，建议教师组织学生在企业人士带领下进行实地参观、实地体验。

餐饮业电子商务

导入案例

新白鹿的互联网之路

新白鹿在 1998 年是从杭州耶稣堂弄的一家小面馆发展起来的。此后，它开启了杭州人排队吃饭的先河，并保持十余年人气不减。2009 年，新白鹿联姻银泰，首度走上消费潮流的前沿；2010 年，新白鹿进军萧山银隆百货，试水杭州主城区以外的市场；同年年底，新白鹿再与城东世纪联华、西湖文化广场牵手，以一种全新的综合体配套模式，确定了自己新的角色定位。如今新白鹿已经不仅是一个吃饭的地方那么简单，它还是体面的宴请之地，是时尚潮流的发布场所，是俊男靓女的邂逅之所，是调节气氛的情调空间……走进新白鹿，人们不会因价格而感到焦虑，因为亲民一直是餐厅的宗旨。

新白鹿一路走来，在润物细无声的过程中，经历着一次又一次的华丽蜕变与自我超越。近几年它更是在互联网的支撑下，以食客的休闲体验为核心，完成了一系列大刀阔斧的变革。

2014 年，新白鹿完成了多家门店的布局和重要门店的升级改造。城西的西城广场店、城北的中大银泰城店、运河上街店均闪亮登场；与此同时，新白鹿还完成了龙游路店、西湖银泰店的全新装修改造，新白鹿升级后，品牌形象更鲜明，市民更喜欢。

2015 年，新白鹿稳步布局杭州城北商圈，拓展上海市场，捷报频传。

这一切光鲜的背后都少不了互联网的支持。2011 年 9 月 14 日，杭州新白鹿餐饮管理有限公司正式成立。此时的杭州拥有几乎是全国最好的互联网发展环境，越来越多的互联网企业大量涌入杭州，无论在软件还是硬件方面，都给传统餐饮企业的电子商务发展创造了有利的条件，这使得新白鹿在确定了品牌定位后，便迅速加入了"互联网+"的浪潮中。

2012 年，杭州新白鹿餐饮管理有限公司入驻新浪微博和腾讯微博，新白鹿官方网站也同步上线。2015 年，其全面推广电子菜单，扫描二维码线上点菜下单支付，菜品情况一目了然。其在大众点评的口碑更是居高不下，越来越多的食客慕名而来。2016 年，新白鹿开通微信公众平台拉近与粉丝的距离，实时推送美味，还将预先点餐、下单进度、会员管理与之绑定，方便用户操作。2017 年，新白鹿餐厅又联手饿了么和美团外卖，进军外卖市场。杭州地区大众点评上连锁认证的新白鹿餐厅达到 16 家，并且评分全部在 4 星以上。

[分析]

作为知名传统餐饮品牌，新白鹿将美食与互联网融合，不仅菜品在不断创新，营销和经营的手段也在与时俱进，如建立官方网站，进驻微信公众号、新浪微博、腾讯微博、大众点评、美团、饿了么等各个大流量平台，开通线上排队、点餐、外卖与支付，等等。这些基于网络的营销与经营方式，都走在了传统餐饮业电子商务发展前沿。新白鹿的转型之路也是近几年各地餐饮业互联网化转型的必经之路。

旅游餐饮是指餐饮业中为旅游者提供餐饮产品与服务的部分。旅游六大要素之中，餐饮是保证游客的旅游行程能够持续进行的基础性支撑要素，游客途中或在旅游目的地的饮食状况直接影响其对该次旅游行程满意度的评价。饮食所具有的强烈的地域性、民族性、民俗性等人文特性，又使它成为旅游的重要吸引物，并在旅游营销中扮演重要角色。

子项目一　了解传统旅游餐饮业的变革

【案例与解析】

最东北民俗风情饭店，提供不一样的团餐的旅游饭店

最东北民俗风情饭店是一家位于黑龙江省哈尔滨的餐厅，定位是旅游类餐厅，但不局限于接待旅行团队，也不走高价暴利路线，而是按照中档特色餐厅的设计，主打"黑、土、特"为特色的黑龙江美食。其中，黑是指黑土之宝，越黑越健康；土是指东北土菜，越土越滋味；特则是指黑龙江特产，越特越珍贵。其主打菜肴为赫哲族杀生鱼、兴安飞龙宴等。餐厅布置上，餐厅一层为宴会厅和多功能厅，可容纳300人用餐，可接待自助早餐、大型宴会、商务会议、旅游团体用餐。餐厅每天18:30会上演具有黑龙江民俗风情的精彩节目，顾客在品尝东北特色美食之余，更可欣赏东北各个少数民族的风情演出，如萨满神舞、兴安号子、鄂伦春小调、蒙古长调等，使游客陶醉在最东北的文化里。最东北民俗风情饭店的二、三层则共设有20个包间，包间名以东北少数民族命名，有俄罗斯族、鄂伦春族、赫哲族、达斡尔族、鄂温克族等，风格各异，为客人带来不同的民族风情。

该饭店在成立之初就紧紧依托互联网，在承接旅游团队的同时，积极策划线上到线下（O2O）的活动，配合完整的网络营销工作。很快，该饭店又借助百度营销、新浪微博、微信号等社交营销软件，完成了基本信息的互联网铺设。特别地，在大众点评网上该饭店被称为"最有东北味的饭店"，是第一批实现应用网络订餐、网络支付的餐厅，吸引了越来越多顾客的关注。虽然最东北民俗风情饭店消费水平不低，又不为旅行社提供高额的分成，但因为其特色和知名度，来用餐的旅行团数量持续增加，自助游的散客、本地食客、附近城市客人也成为最东北民俗风情饭店的重要顾客群。

［解析］

传统的旅游餐饮业是指专门为游客服务的餐饮业。这些企业主要针对旅游团队游客，

大都具有集体预约用餐、统一程式化菜品和用餐标准、价格偏差大（要么极其低廉以降低团队成本，要么极其昂贵，以便与旅行社或其他旅游组织企业合作分成）等特点，是传统团队游中重要的组成部分。由于旅游格局的变化，这种方式已经无法满足旅游消费者日益增长的需求，在旅游信息愈加透明的今天，旅游消费者对这些内幕已经很清楚了，提供多种多样的餐饮服务才能更好地满足游客需求。

最东北民俗风情饭店正是抓住了这个契机，不仅满足了消费者的需求，找到了适合自己的经营模式，还将黑龙江的特色文化传播给了各地的旅游者。

一、网络对旅游餐饮业的影响

传统旅游以随团旅游为主，对于旅游消费者来说，其获取的旅游餐饮信息大部分都来自旅游服务企业、旅行社的宣传和书籍类的介绍。这些信息都是单方面的，存在片面性或过度宣传的问题。尤其是在传统旅游的过程中，游客的饮食以团餐为主，团餐由旅游服务企业或旅行社统一安排，游客无法体验满足其个性化需求的餐饮。由于信息的闭塞，无个性化需求的客源，各旅游目的地的旅游餐饮也保留着传统餐饮的形式，传统旅游的弊端逐渐显现。在线旅游的兴起和快速发展，给旅游消费者提供了更多的选择，消费者对自主性、独立性和个性化等方面的要求越来越高，旅游消费者的个性化出行给旅游餐饮业带来了深远的影响。

随着旅游消费者越来越理性，他们的维权意识也日益增强，加之旅游市场竞争加剧，旅游业告别了粗放型快速增长的阶段，以团餐为主的传统旅游餐饮业必须谋求变革。特别是在自媒体时代，餐饮企业充分挖掘自身餐饮历史、文化内涵，使之成为旅游文化的重要组成内容，丰富了旅游电子商务的内涵。像最东北民俗风情饭店这样的一大批新型旅游餐饮企业，紧紧抓住了这个契机，根据市场需要，站在旅游电子商务的发展前沿，迎合当今旅游团队需求，取得了质的飞跃。越来越多的旅行社推出了"定制旅游"业务，消费者可以将自己想吃的餐厅纳入旅行路线当中。旅行社也会根据消费者对美食的偏好，设计美食之旅等路线。

随着在线旅游的兴起，互联网中所包含的巨大的信息资源库、丰富多彩的表现手段、功能强大的搜索引擎、自由舒畅的沟通交流渠道等，为满足个性化的旅游需求提供了绝佳的平台。消费者可以根据自己的认识、兴趣，自由对旅游产品、服务等进行组合，消费者可以从网络中轻松获取来自世界任何地方的旅游资源信息、旅游服务和旅游产品的信息，并对各类信息进行整合，做出最具"价值"的决策，从而达到独立安排包括旅游景点和旅游线路、出行方式、交通工具、住宿、餐饮、购物、娱乐等旅游全过程的目的。在线旅游弥补了传统旅游中的诸多不足，给旅游消费者提供了丰富、真实、及时的旅游资讯，让消费者在餐饮方面有了更多的选择。各旅游目的地也因为市场的需求推出了各类新颖的旅游餐饮模式，游客可以自己通过旅游类软件或者生活服务类软件直接找到地点并前往消费，甚至还可以通过外卖服务，享受特色美食。

网络多渠道的宣传及销售模式使偏远但具有本地特色的美食得以被大众知晓，大大促进了旅游目的地餐饮业的发展。

二、新旅游格局下呼唤旅游餐饮的革命

如今，互联网已渗透旅游业的各个领域，利用互联网预定特色美食、规划旅游线路、预订机票、预约特色民宿等对网民来说已不再陌生。人们旅游消费习惯的转变正反映出市场需求，旅游产业面临重组升级。由此，国家提出借助互联网发展"全域旅游"。

旅游市场快速发展，旅游需求呈现出多元化、深度化、散客化等特点。全域旅游是以旅游业带动和促进经济社会协调发展的一种发展理念和旅游模式，它对提升全域旅游水平提出了新的要求。作为旅游产业链上的重要组成部分，旅游餐饮迎来了一场新的革命。

全域旅游目前还处于协调发展的过程中。从环保的角度来说，它推崇绿色生态发展，以生态旅游的指导思想来提升旅游发展的质量，把旅游资源和配套服务体系的产品有机地结合起来。饮食行业所用的食品原料全部为绿色纯天然产品，这些食品原料在前期生长的过程中未被施用过化工肥料，而通常施用农家肥等天然肥料，所以深受广大旅客的欢迎。

旅游餐饮要注重发展特色餐饮，尤其注重定位、策划和包装新的餐饮产品。只有形成多种主题、多种特色以及不同品位的饮食文化，才能打造出在全国乃至全世界都赫赫有名饮食集中区。例如，成都市"一带""三圈"① 布局，使本区域的餐饮行业各具特色，深受国内外游客的喜爱。

在开发新的餐饮美食之际，餐饮企业还应该对其进行不同特色的包装，在产品的开发类型上、空间上给旅客一种新颖的感觉，加深他们对这些特色产品留下的印象。还是以成都为例，其可以考虑建设杜甫草堂诗酒文化特色街区，以谭鱼头、韩包子为代表的特色餐饮店，以及道家斋宴、越野车主题酒吧等。

另外，休闲餐饮作为新的餐饮方式在市场上正愈来愈受到消费者的青睐。休闲餐厅与传统餐厅相比，休闲餐厅营业时间较长，供应餐饮时间亦更具弹性，包括中式休闲餐厅、西式休闲餐厅、咖啡屋、茶室及以供应软饮料、酒精类饮品及小吃为主的酒吧等。如今，无论是走在街边还是置身于购物中心，都会发现以前不大常见的休闲餐饮店现在随处可见。很多休闲餐饮店的面积都不太大，有一些店甚至就开在中庭的过道上，但大多都装修精致且门庭若市。在"互联网+"技术的冲击下，越来越多的消费者选择更加便利的网络购物方式来满足消费需求，这不可避免地影响了实体商店的人流量。在以注重消费者体验著称的购物中心，引入各类特色鲜明的休闲餐饮，无疑是延长消费者停留时间的最佳方式之一。与此同时，以往购物、餐饮、娱乐 52∶18∶30 的市场经营"黄金比例"已经被打

---

① "一带"指府南河文化美食旅游带，"三圈"指草堂餐饮娱乐圈、蓉南美食圈、成都小吃美食圈。

破，取而代之的是购物、餐饮、休闲 1∶1∶1 联袂主演的消费模式。

随着全域旅游时代的到来，旅游餐饮行业发展将会越来越多地融入本地餐饮。有机餐饮、快餐团餐、特色餐饮、农家乐等满足广大人民群众消费需求的细分市场还具有较大的发展空间。

【任务 3-1】

制作一份二维码电子菜单

子项目二　了解电商给餐饮业带来的旅游餐饮机遇

【案例与解析】

美团、大众点评合并带来的是什么？

2015 年 10 月 8 日，大众点评的微博与美团的微博联合发布声明，宣布达成战略合作协议并成立新公司。新成立的公司，将成为国内 O2O 领域中的领先平台。这意味着，我们生活服务领域的两大巨头，即将从对立走向合作。这一消息的发出，对于整个行业而言，将会带来什么影响呢？两家公司合并是市场垄断的表现还是市场的整合？对于消费者而言，又有哪些利弊呢？

虽说大众点评网和美团同属于与人们日常生活密切相关的服务平台，但其业务侧重点还是有十分细微的差别：长期以来，美团专注于国内酒店、电影票、外卖等领域的服务，而大众点评则专注于餐饮领域。关注点的不同，使得美团的收入主要来源于折扣点，而大众点评的收入则倾向于广告收入。此次双方达成新的战略合作，有利于改变以往消费者需要同时下载两个 App 的不便，也在无形中减少了双方因为竞争而带来的摩擦。

短期来看，合并对于双方、消费者和生活服务行业市场而言，会形成三方受益的局面；但是，这种聚拢各自目标客户、凝聚不同领域消费群体，将原本分流的利益重新规划的一种形式，是否会在合并之后形成垄断的局面？合并之后，两家在竞争中为吸引客户而采取的各种优惠措施是否还会存在？消费者所享受的服务会不会出现折扣？这些无疑都给这个领域未来的发展前景画上了一个问号。

对于普通的消费者而言，两家巨头的合并无疑会给消费者提供一个更加全面和专业化的服务平台，其内容所覆盖的领域也会更加广泛和全面，单一化的服务领域也会随着合并而走向融合和多元。

（资料来源：中国产经新闻网）

一、大众点评与美团带来的改变

大众点评是中国领先的本地生活信息及交易平台，2003 年 4 月成立于上海。也是全球最早建立的独立第三方消费点评网站。大众点评不仅为用户提供商户信息、消费点评及消费优惠等信息服务，同时提供团购、餐厅预订、外卖及电子会员卡等 O2O 交易服务。大众点评是国内最早开发本地生活移动应用的企业，目前已成长为一家移动互联网公司。根据 QuestMobile 的数据，截至 2024 年 4 月，大众点评月活跃用户数为 1.2 亿，覆盖全国 2 500 多个城市及美国、日本、法国等近百个热门旅游国家和地区。除上海总部之外，大众点评已经在北京、广州、天津、杭州、南京等 160 多个城市设立分支机构。

美团是 2010 年 3 月 4 日由王兴创办的团购网站。美团有着"吃喝玩乐全都有"的宣传口号，致力于为消费者发现最值得信赖的商家，让消费者享受超低折扣的优质服务；为商家找到最合适的消费者，给商家提供最大收益的互联网推广服务。为了更好地服务用户，美团除了对商家要进行严格的审核之外，还投入千万元建设呼叫中心，同时率先推出"7 天内未消费，无条件退款""消费不满意，美团就免单"和"过期未消费，一键退款"等一系列消费者保障计划，构成了完善的"团购无忧"消费者保障体系，为用户提供最贴心的权益保障，免除消费者团购的后顾之忧，让消费者轻松团购，放心消费。

美团与大众点评的合并意味着中国餐饮类服务电商开始建立全新的生态圈。想要在新的生态圈中保持自己的地位或是获得更多的发展空间，首先就要了解互联网给餐饮行业带来了哪些本质上的变化，并要适应、拥抱这种变化。

1. 餐饮经营理念的变化

为了赢得更多的顾客，传统餐饮互相模仿、竞争，我们经常看到一条街上开满了炒菜店、火锅店、烧烤店，它们的地理位置，菜品类别，甚至连装潢都是一样的，大家手艺相仿，最后会恶性竞争，最终相继倒闭。

而互联网餐饮则要求商家将目光投放到因为互联网聚合产生的个性化消费者身上，将思维从产品端转移到消费者端。准确的定位、清晰的目标消费人群、经营和培养稳定的消费人群是我们对互联网餐饮企业提出的新要求，互联网思维决定了特色餐饮的发展基调。

2. 餐饮品牌建立的变化

何谓品牌？我们可以简单理解为一个企业的文化名片。以往我们打造自己的品牌，靠产品、靠价格、靠口碑。但是在互联网时代，打造品牌，我们更需要靠内容、靠自媒体。借助互联网，尤其是社交网络高效率、低成本、快速度的方式来做品牌传播。更重要的是，企业要懂得把企业所有的产品都做成内容，让消费者和意见领袖、传统媒体和自媒体争相报道、免费报道。这个时代，媒体与消费者更愿意为"会讲故事的人"埋单。褚橙、伏牛堂、黄太吉，无一不是讲出了精彩故事，引起了社会的深刻共鸣，让本来名不见经传的小店，一夜之间拥有了超越传统餐饮数十年积累的估值。

3. 餐饮服务的变化

提到服务，传统餐饮人首先想到的肯定是良好的态度、体面的穿着、干净的环境。但互联网餐饮人想到的却是体验、交流、规格等词语。这就是一个本质上的变化，即在互联网时代，服务不再是一个简单的词语，它包含着很多意义。产品是否值得分享？服务生是否能歌善舞？餐厅是否独具特色？用餐氛围是否让人念念不忘？这些都被算在服务的范围内，因为消费者不再只为美食而来，他们更愿意为独特的用餐体验多掏几次腰包。再有就是餐厅服务方式的变化，做餐饮最重要的是吸引回头客，传统餐饮留住回头客的方式是留电话、留地址、办会员等方式，是"一对多"的形式，而互联网餐饮由于有着社交平台的优势，可以做到"一对一"的会员服务，这也是传统餐饮模式拍马不及的。

除此之外，还有餐厅单干与平台合作的变化，现金流与资本融资的变化等。总的来说，互联网将传统餐饮原本二维的发展空间变成了三维甚至多维空间，想要在互联网时代生存，我们必须要从了解这些变化的本质并转变自己的思维开始。

二、外卖餐饮网站对餐饮业的影响

近年来，我国快餐行业的不断发展使外卖逐渐发展演变成了人们的一种生活方式。同时外卖行业的兴起为旅游餐饮行业的发展提供了新的途径。全域旅游的发展，让非团队游客有了更广阔的游览空间，外卖成了这些游客的新选择，也让更多的本地餐饮业加入旅游餐饮服务的行列。

外卖类 App 中，饿了么、美团外卖、百度外卖居于行业前列。其中饿了么是中国最大的餐饮 O2O 平台之一。一开始饿了么的定位是连接一切和吃有关的东西，它在初期主要是和一些餐厅的商家进行合作，做餐饮的配送业务，现在饿了么除了继续发展现有的餐饮配送之外，已经开始接触其他的商品的配送业务。

饿了么率先提出 C2C 网上订餐的概念，为线下餐厅提供一体化运营的解决方案。在市场推广方面，饿了么除了通过在合作商家的实体店面里贴上带有其应用下载链接的二维码之外，也会在实体商家发放的外卖单上面印上其标志和二维码，同时还整合了线下餐饮品牌和线上网络资源。用户可以方便地通过手机、电脑搜索周边餐厅，在线订餐、享受美食。

外卖类软件的出现可以说是中小型餐饮企业的重要发展契机，为中小餐饮企业提供了很多机遇。餐饮业本身有比其他行业更适合发展电子商务的特点：餐饮业以中小企业为主，大部分餐饮企业老板都希望通过电子商务降低成本，提高利润；电子商务从本质上来说是服务型经济，而没有其他行业比餐饮业更精通服务的了；电子商务是一种柔性化定制、个性化服务的生产方式，而餐饮业长期以来就是提供个性化、多样化的服务的。

从另一个角度来说，与外卖类 App 合作是中小餐厅打广告的重要途径。投到广告中的成本花费很大，一般中小企业都承受不起。因此，如果有好的外卖订餐平台，无疑是省了一笔广告费用。自己的餐厅被放到互联网上，不仅为餐厅做了广告，同时也极大地提高了产品销量，随之而来的订单也会随着网站访问量的增加而增加。电子菜单的使用同时也大大地节约了餐厅运营成本。如果餐厅菜单有变动的话，直接在网上快速编辑即可完成更新，餐厅不必再去重新印制大量新的菜单，这也为生态环境保护贡献了一分力量。

子项目三　了解互联网思维下的新兴餐饮业

【案例与解析】

雕爷牛腩案例

2012年，雕爷牛腩开业，它作为中国首家"轻奢餐"餐饮品牌，主营新中式创意料理，尤以牛腩菜品最为出色。2011年雕爷牛腩从香港食神戴龙处购得牛腩秘方，并在此基础上开发出招牌菜品"食神牛腩"及"鲍鱼骨汤牛腩面"。经过半年的封测试吃，广受好评的雕爷牛腩于2013年5月20日开始正式营业。

雕爷牛腩营销手段主要有以下几种：

在营销策略方面，一般网游在上线之前都会搞一个"封测"，邀请玩家来玩，找出漏洞（BUG）并修正。这一招被雕爷借鉴到餐厅经营中，除了测试服务，就是优化产品。雕爷牛腩认为，一餐饭从前菜到主菜再到甜品是一个完整的系统，每道菜不是单独存在的，封测的过程就是找出其中的BUG。

在营销推广方面，雕爷牛腩用微博引流。之所以选用微博推广是因为：一方面，微博的受关注度高；另一方面，封测期不让普通用户进入。这种神秘感引发的消费欲望在开业后爆发。开业前夕，雕爷牛腩又利用微博"玩了把大的"，比如邀请明星到店，被微博大V"留几手""偶遇"并发微博。后来该明星自己在微博上证实之后又引发了网友4.5万次转发，成了当天微博热门话题。

在营销互动方面，雕爷牛腩用微信留住老客户。雕爷每天花大量的时间盯着大众点评、微博、微信，只要有用户对菜品和服务不满，都会立刻得到回馈。比如，粉丝认为哪道菜不好吃，这道菜就可能会被新菜取代，粉丝在就餐过程中哪里不满，则可以凭官微回复获得赠菜或者免单等。

在雕爷牛腩看来，微博是用来传播品牌的平台，也就是吸引流量的工具，而微信是用来维护用户，提高重复购买率的工具。比如，雕爷牛腩上新菜，会通过微信发给老用户，内容有图片、有文字、有口味描述。而这个不能在微博上发，以体现老用户的专属性。雕爷牛腩的会员卡也是建立在微信上的，用户需要关注雕爷牛腩的公众号并且回答问题，通过后就能获得会员身份。雕爷牛腩有一个专门的会员菜单，这个菜单是不给普通用户看的。在互联网上，这种玩法已经很普遍了，比如 QQ 的一些身份特权等。

雕爷牛腩的成功在于大胆、创新地运用当今社会的流行网络应用，引领了历史的潮流。

一、餐饮业的"互联网+"理念

民以食为天。近年来，我国餐饮业收入不断增加，2024 年 11 月 15 日，国家统计局发布最新数据显示，2024 年 10 月，全国餐饮收入 4 952 亿元，同比增长 3.2%；2024 年 1—10 月，全国餐饮收入 44 367 亿元，同比上升 5.9%。

从产业形态上看，互联网与餐饮传统产业加速融合，一大批互联网企业和互联网从业者加入餐饮行业，并直接或间接参与餐饮管理和营销，而"互联网+"成为餐饮产业发展新动力。从创新模式看，传统餐饮企业向互联网化发展，拓宽销售渠道、延伸销售半径。新一代信息技术，特别是在线服务与传统餐饮业经营融合不断深化，原有的营销、管理模式都被彻底颠覆，互联网思维将更多地融入餐饮行业的策略制定上来。从组织形态看，餐饮业态小型化、智能化、特色化特征日益突出，即要通过更加个性化的服务来吸引消费者，用更加便捷的体验来让消费者感到舒服与愉悦，以及更加智能化的模式来为商家节约运营成本。移动互联网对餐饮业营销环节产生的颠覆式影响正在向其他环节渗透。

互联网时代的本质是人被互联网改变，当消费者发生改变的时候，意味着餐饮服务提供者在各个环节都需要重新设计，未来餐饮业要做"极致产品"并迭代创新，塑造自己特色的品牌印记、粉丝群体和核心竞争力。对"90 后""00 后"而言，产品是基础，他们更需要好玩、有趣、能参与的服务。娱乐化，好玩和有趣能够驱动顾客进行自传播。企业与顾客的关系，已经从过去的上帝、后来的朋友，变成了现在的粉丝。真正的粉丝是你的店还没开，他就知道你的产品是什么，你是为谁而开的。

产业互联网进入高速发展期，餐饮业的核心是围绕顾客解决消费问题和优化产业链，让消费者、供应商通过互联网的技术手段时时联通，优化资源配置。产业互联网的成熟意味着餐饮经营环境的巨变：一方面是"餐饮业+互联网"，就是把互联网先进的技术、理念、思维、方式等应用到餐饮业，传统餐饮企业要重视技术投入，加快信息化建设，挖掘互联网对传统餐饮企业在营销、管理等各个方面的作用，使互联网技术真正成为自身加快转型的助推器；另一方面是"互联网+餐饮"，互联网企业应从为餐饮企业提高效益，解决信息化难题出发，通过持续技术创新，为餐饮企业提供更有效的解决方案。

未来餐饮企业的经营范围不仅是传统的吃、喝这么简单，还应该是覆盖餐饮服务的基本功能+主题文化+消费体验的平台型企业，跨界合作、跨界发展将成为餐饮行业的发展趋势。未来，餐饮的本质是社交，场景化餐饮时代已经来临，餐饮企业不能单纯做某一款产品，而是要做解决方案。互联网主要改变的是人际关系，而做餐饮就是做关系的生意。未来，门店的功能可能从原来的赚钱、服务、卖产品，转化为品牌展示与服务体验，现在不仅出现了一些纯做外卖、根本没有店面的企业，很多快餐行业的供应商也都纷纷进军快餐业；原来需要店面来制作的食品，现在由工厂直接做好，再通过配送直接送达给消费者。这对整个快餐行业造成了非常大的冲击。

二、农业电商及生鲜电商给餐饮企业带来的变化

餐饮O2O和社区团购改变了人们的饮食习惯，而农业和生鲜电商却改变了人们的饮食结构和饮食文化。2012年被称为生鲜电商的元年，几经沉浮之后，剩下的天天果园、我买网等垂直生鲜电商网站和京东、天猫、苏宁等电商平台的生鲜频道成了最大的赢家。因为《舌尖上的中国》而家喻户晓的查干湖鱼，长时间以来因为物流难题仅限于在当地市场销售。京东看准了这一机遇，在2014年和查干湖品牌所有者松粮集团达成了相关合作协议。查干湖鱼出水后，工作人员立刻对鱼进行密封包装和速冻处理，随后通过京东的全程冷链物流配送，实现了查干湖鱼在出库后24小时内送抵消费者，让查干湖鱼的销售范围从吉林扩展到东北三省，再到北京、天津、上海、河北、山东、山西、江苏甚至浙江。无疑，生鲜电商直接解决了食材的地域性问题，未来必将有更多的生鲜食品等搭乘生鲜电商的冷链物流，走向全国。"互联网+"大潮的到来，将加快这一趋势的发展。与此同时，进口生鲜电商也得到进一步发展。在物流价格难题未能很好解决的情况下，生鲜电商们不约而同地选择了进口产品，它们不得不通过进口产品的价格优势来弥补运输和仓储成本。2016年年初，京东战略投资了以进口水果为主要业务的天天果园，而达成合作协议之后，京东将为天天果园提供物流体系支持，帮助天天果园拓展全国市场。相信在未来会有更多的生鲜平台与互联网巨头和物流大亨合作，从而共同促进冷链物流的发展。

农业电商其根本就是把农产品信息通过互联网传播，从而扩大其销售范围、提高销售收入。目前涉足农业电商的企业很多，形式也不一，既有京东、阿里等下乡刷墙，通过乡村服务站的形式来发展农村电商，也有人试图用互联网来改变农业生产流程，进而发展成家庭到农场（F2F）的模式。例如，居住在上海的某个家庭可以通过农业电商和中西部的某个农业合作社达成合作协议，进而直接获得自己所需要的某种食材。

电商的竞争力应该来自尽量减少中间环节的流通成本，利润也应该来自直接连接生产者和消费者的渠道。满足优质农特产品及生鲜的巨大市场需求，是农业与生鲜电商势不可挡的发展趋势。电商与农业的结合，从最前端的农户、农企主体，到流通领域的供销体系，甚至到政府层面，深刻影响传统的农业格局。

以前，农户在很大程度上被固定于农业产业链的生产环节，无法进入流通、加工、销售环节，这就造成了农户利润低，无法创收等问题；农产品销售企业也难以突破渠道缺乏、品牌辨识度不高、议价能力不强等发展瓶颈。"互联网+农产品"有助于实现终端消

费群体与农业生产机构直接对接，大大缩短了农产品的流通渠道，降低了流通成本，使农企、农户在整个扁平链条过程中拥有更多的话语权，促进了农户的增收，改善了广大农户的生活，拓展了农企的销售渠道和增强了品牌传播力，让更多优质的农产品走向更广阔的市场。

三、"互联网+"时代新兴餐饮业的网络渠道

目前"互联网+餐饮"的销售模式主要有三种：团购、外卖和在线订餐点餐，除此之外，营销模式则有自媒体建设、扩展层面的包装食品销售等形式。

"互联网+餐饮"的核心在于回归餐饮经营匠心本质——注重线下的服务与体验，能否给消费者创造真正的价值，顾客有了良好的体验，对品牌有了信任与依赖，然后在线进行评价、订餐，再到线下消费，形成良性循环，才能形成闭环，创造真正的价值。目前的餐饮企业要实现自己的互联网化，一般有以下五种途径：

第一，餐饮企业通过自媒体建设，树立特色形象，并使用各种社交平台、旅游资讯平台进行有效传播，吸引自己的粉丝，建立粉丝社群。例如，创建自己的微信公众号，通过有关游记软文实现推广等。

第二，通过专业的餐饮类网络平台，扩大自己的专业影响力，如在美食杰网站宣传自己，如图 3-1 所示。

图 3-1　美食杰网站首页界面

第三，进驻 O2O 生活服务平台，迅速实现线上线下的互动营销。目前 O2O 平台主要是指大众点评和美团，它们一直致力于城市消费体验的沟通和聚合。大众点评首创并领导的第三方评论模式已成为互联网营销的一个新热点。

第四，进驻外卖送餐平台，增加影响力和销量。例如，加入饿了么、美团外卖、百度外卖等平台。

第五，在完成包装食品定型后，餐饮企业通过食品零售电商平台，如天猫的食品专卖店或者专营店，实现工厂化的生产和销售。

【任务3-2】

餐饮业的社交媒体进行电子商务推广

以小组为单位（每组3~4人），任意选择一家餐饮企业，要求学生对该餐饮企业的电子商务应用情况进行深入分析，提出对该企业电子商务发展的改进建议与创新性想法。思考如何利用社交媒体进行电子商务推广。

项目四　醉卧天涯——住宿业电子商务

教学目标

1. 掌握酒店网络营销的主要形式；
2. 了解"互联网+"时代电子商务带给酒店业的机遇；
3. 了解基于互联网的非标准化酒店中的小众客栈、房屋分享和房屋短租行业；
4. 掌握智能化酒店格局；
5. 了解酒店付费方式的变革；
6. 了解酒店业的跨界经营。

小试牛刀

住宿业电子商务应用。

以小组为单位，从线上不同渠道订购同一家酒店的相同类型的客房，进行价格比较，并找出存在价格差的原因。

_____

_____

_____

_____

_____

住宿业电子商务

导入案例

经济型酒店的崛起——如家快捷的商业模式

从 2002 年 6 月创建到 2006 年 10 月上市，短短四年时间，如家快捷酒店集团以惊人的发展速度开创了传统酒店行业的一片蓝海，成为我国经济型酒店的领跑者。2002 年 6 月，中国资产最大的酒店集团——首都旅游国际酒店集团联手中国最大的酒店分销商——携程旅行服务公司共同投资组建了如家酒店集团。

如家借鉴欧美完善成熟的经济型酒店模式，为商务和休闲旅行等客人提供"干净、温馨"的酒店产品，倡导"适度生活，自然自在"的生活理念。如家的定位很明晰，它直接借鉴了国外经济型酒店的成熟模式，舍弃了星级酒店豪华设施、豪华大堂、餐饮服务等，仅保留住宿为核心的功能。而其价格也处在每晚 200 元的价格空当中。此后，如家开始了疯狂扩张。如家酒店集团于 2006 年 10 月 26 日在美国纳斯达克成功上市。到 2011 年 9 月 30 日，如家的特许经营及加盟店总数首次超过了直营店，并完成了对七斗星和莫泰 168 两个连锁酒店品牌的收购，成为一个管理多个连锁品牌的"酒店集团"，旗下酒店总数超过了 1 400 家。这让如家创造了经济型酒店的神话。

随着人力、租金成本的提高，加之大量对手同质化的竞争，如家的经济型酒店神话已经破灭，其过去疯狂扩张的经济型酒店加盟模式也已走到尽头。

（资料来源：根据姜华山《如家"出嫁"背后》改编）

[分析]

如家酒店品牌在短时间内迅速发展成为国内知名的经济型酒店品牌，既得益于其成功的经营管理策略，又得益于其对旅游电子商务技术和理念的应用。从经济型酒店的特点出发，抓住其网络增值效应优势，特别是充分依靠互联网进行酒店网络预订、连锁化品牌建设、视觉识别系统（VI）建立等。可见，旅游电子商务为其发展奠定了基础。

子项目一 了解酒店业电子商务

【案例与解析】

锦江之星的电子商务化

锦江之星是锦江集团的核心产业之一，创立于1996年，于2006年在香港上市。锦江之星酒店作为国内知名的经济型连锁品牌，公司旗下各品牌酒店总数已超1 000家，分布在全国31个省、自治区、直辖市，200多个城市，客房总数超过100 000间。与此同时，锦江之星管理着有"金广快捷酒店、百时快捷、白玉兰酒店、锦江都城"等各类子品牌。锦江之星发展如此迅速，与其背后的电子商务化支撑系统密不可分。

第一，锦江之星的信息化系统特别重要。它的架构中有订单系统（CRS）、客户管理（CRM）、本地和中央的资产管理系统（PMS）、网站管理（WEB）、加盟伙伴管理（FMS）等诸多管理平台。

第二，锦江之星信息化中心特别组建了IT信息化门户。IT信息化门户并不是只用于简单地实现新闻发布、通告、文化传播等作用，而是要保证全国各地的IT人员通过此平台及时反馈信息，提升工作效率，也让每一家新扩张的酒店均能在短时间内快速准确地在锦江预定的轨道上运行。

第三，在IT信息门户建设基础上，深入锦江之星的核心业务和正在扩张中的电子商务功能，才是支撑锦江之星实现连锁，实现品牌销售的核心。锦江之星通过官方网站、手机App以及微信公众号等官方平台，有效地进行了精准客户群的绑定和销售，提高客户忠诚度和互动性，把酒店预订、在线支付、优惠体验、消费后反馈、会员制服务等功能整合起来，通过网络实现了实时通信。图4-1为锦江之星官方网站首页。

图4-1 锦江之星官方网站首页

[解析]

酒店预订是旅游电子商务中最早发展起来的业务形式。可以先预订后结算的优势，使这一业务在线上支付技术还不完善和普及的时候，就开始流行。直到今天，以飞猪推出"信用住"为代表的未来酒店，依然引领着旅游电子商务的发展方向。

（资料来源：根据泛微网《锦江之星信息化案例 OA 支持酒店业务管理新变化》改编）

一、酒店网络营销的主要形式

网络营销是酒店的主要经营手段，酒店通过网络预订的方式在全球范围内进行客房营销，实现异地销售。网络订房大大拓宽了酒店的客房销售渠道，树立了酒店的形象，因此成为酒店网络营销的主要内容和重要基础。酒店的网络营销也将从根本上改变客人对方便、快捷、服务的看法。现阶段，中国酒店网络营销主要有以下三种主要形式。

1. 网上中介的间接销售

网上中介的间接销售是指代理销售——旅行社（包括传统的旅行社和新兴的电子在线旅行社）。目前，大多数的酒店都采用代理的形式进行客房销售，它们一般与旅行社签订代理合同，由其进行代理销售，而且所占营销比例大。在国内，酒店通过官网自营销售的比例只有 10% 左右，原因主要是单体酒店自建网站，受"孤岛效应"的限制，真正能引来的预订和支付客源是非常少的。事实上，很多酒店的网站都是一个简单的形象展示窗口，由于缺乏相关的技术维护人员，部分酒店连定期的更新都难以实现，更不用说实现电子商务的开发与应用了。这是普通酒店与国际酒店最大的差距之一。而与此同时，这种情况催生了大量的第三方预订网站。我国以携程网、艺龙网为代表的网上旅行社快速发展，它们凭借密集的资本优势，抢占客户资源，构成"议价砝码"，迅速占领了酒店分销市场并占据了主导地位。

2. 酒店网上直销

酒店脱离网上中介、开展网上直销将是一个主要发展趋势。网上中介的间接销售方式势必会造成酒店对中介的过度依赖，同时也会付出增加开支、降低品牌的影响力等代价。网上直销就是指酒店通过自己的网站实现网络营销的活动。据统计，万豪、希尔顿通过自有网站实现的销售收入与通过网上中介的间接销售方式获得的收入比例已经达到 75：25。而对消费者而言，他们也不喜欢在中间商那里多花钱，但这种网上直销方式在客观上要求酒店在人力、物力、财力上都要有较高的投入，因而综合实力更雄厚的国际连锁酒店多选择此类渠道。

3. 其他网络营销平台

未来酒店网络营销创新模式将很可能出现在一些拥有大量会员的组织的网络平台上，如信用卡中心、移动通信公司等。如果酒店能与其开展合作，并且使其成为酒店的分销渠道，这将为酒店网络营销市场注入新的力量和机会；传统的机票分销系统也有望同酒店销售开展合作；门户网站旅游频道利用流量优势，在酒店网络分销市场上占据一定优势；针对很多依赖搜索引擎的用户，旅游行业搜索引擎和比价搜索的功能也吸引了不少酒店和渠道加盟。

二、"互联网+"时代电子商务带给酒店业的机会

目前，互联网和智能化手机移动终端技术的普及，对酒店的影响体现在整个行业产业链的销售环节。酒店的主要客流来源从企业客户、旅行社团客、散客，变成以游客自主在线预订为主。2023年我国在线旅行预订用户规模达到了5.09亿人，占网民整体的46.6%。随着国内旅游经济的快速复苏，重要节假日的出游人数、旅游收入等指标水平已全面超过2019年同期，这带动了在线旅行预订企业业绩的显著增长[①]。"互联网+"时代电子商务给酒店业提供了新的发展机会。

首先，"互联网+"时代电子商务提供丰富酒店的产品和服务，提升客户对酒店产品的信任度。酒店的产品主要是服务类产品，如客房、餐饮和娱乐，之前客户只有到酒店后才能消费。现在通过互联网和VR技术，客户可以远程看见酒店的"虚拟客房"，让其事先对酒店的客房、环境及服务进行体验，大大提高客户与酒店的交互性，增加对酒店的信赖和好感。同时，酒店通过自己的电子商务平台，及时发布信息，进一步整合酒店内部资源，实现酒店利益最大化。

其次，"互联网+"时代电子商务为客户预订客房提供便捷服务。酒店电子商务的开展，方便客户通过网络和智能手机终端进行网络预订，预订客房更加便捷。

再次，"互联网+"时代电子商务优化酒店全程管理。酒店通过互联网来采购设备和物料，可以方便地实现规模采购、实时采购和享受常客优惠。电子商务的开展包括从酒店需求设备的配置计划制订、价格查询、预订、支付、配送等环节，为酒店节约了大量的人力、财力和物力成本，加强了酒店对采购成本的控制。

最后，"互联网+"时代电子商务便于酒店收集信息，为经营决策提供参考。"互联网+"时代，大数据可以帮助酒店分析顾客的基本信息、消费能力、消费偏好，有助于酒店做好市场细分，为全方位精准营销做准备。酒店引入电子商务，不仅拓展了消费者市场，还提高了消费者忠诚度。

【任务4-1】

酒店线上营销实战

以小组为单位（每组3~4人），每组选择一个酒店。对酒店现有品牌形象进行分析，结合目标市场的需求和竞争环境，制订网络营销方案。

---

① 数据来源：光明网《我国在线旅行预订用户规模达5.09亿人》。

子项目二　掌握基于互联网的非标准化酒店

途家：分享经济的成功样本

创业两年半之后，途家终于站在了风口上。2014 年第一季度，途家新上线的公寓数量竟然是去年同期的 10 倍。这在很大程度上得益于途家与在线旅行巨头携程的战略合作。2014 年 1 月 16 日携程旅行网途家频道正式上线，游客在登录携程网选择自己出行计划的时候又多了一个选择——途家提供的公寓。

当然，更重要的原因是"分享经济"的苹果成熟了，并且途家已早早等在苹果树下。"分享经济"指的是人们将闲置的金钱物品、多余的时间、拥有的技能拿出来与其他人分享，让更多的人使用。与传统的"占有经济"相比，"分享经济"更节约资源，更环保，也能够促进人与人之间的关系和谐。

目前，美国比较流行的"分享经济"公司有优步（Uber，分享租车服务平台）、爱彼迎（Airbnb，房屋分享服务平台）、任务兔子（TaskRabbit，社会化"跑腿"服务）、Zaarly（综合 P2P 集市）等。作为一名中国游客，在美国即使你是初来乍到，这也没什么要紧的：通过 Airbnb，你很容易就能够租到一套公寓，体验美国普通家庭的生活；想出门的你可以通过 Uber 叫车，甚至能够要求司机给你捎顿早餐。在中国，"分享经济"也正在兴起，滴滴打车、哈啰单车等公司开始获得越来越多中国用户的认可。途家是一种典型的"分享经济"模式：在风景优美的旅游区，业主买了套公寓，一年只住上一两个月，其他时间就交给途家租出去，还能够获得不菲的房租收入。而那些希望全家一起旅游或者公司小团队一起做团建的人们，终于也能找到一个很好的落脚地。途家的主要客户主要是家庭游客和公司小团队；不过，一些更年轻的人群也正在成为途家的客户。旅行的意义也发生了很大的变化：很多人出门不再只是为了看风景、到此一游，更是为了和自己熟悉的人进一步交流感情，分享快乐。一些大学生因为学校住宿条件较差，他们就周末到途家的公寓聚会，大家在一起交流，洗洗衣服，利用公寓里的高清电视唱唱卡拉 OK，周一再住回自己的学校。

在用户层面，途家定位于为新崛起的中产阶级提供更多样化的旅行服务；在业主层面，途家通过与地方政府、房地产开发商合作的方式获得更多的房源；在服务层面，途家通过下属的途家斯维登，同时为用户和业主提供管家式服务。途家的美国同行如爱彼迎（Aribnb）只需要完成线上的信息整理、发布和交易即可，很少涉足线下的酒店管理等环节。当然，这是因为美国的线下业务已经非常成熟，只需要对接相关的物业公司即可。通过在海南等地的反复试验，途家将自己的这套商业模式磨合成了一套齿轮咬合得异常精密的钟表，然后将其复制到全国各大城市和旅游景点，从而带来了爆炸式的增长。途家还准备推出业主交换业务，任何在途家上出租房子的业主，都可以在途家上选择其他业主的房子短期居住，双方结算房租的差价即可。

（资料来源：根据《"途家"在陌生人的家里看风景》改编）

一、自媒体催生的小众客栈

随着网络应用技术在中国社会的深入发展，自媒体正在不断创新地满足人们的网络需求，并在人们的商务及生活中扮演着越来越重要的角色。目前以微博、微信为代表的自媒体，已成为网络传播最活跃的主体和新兴舆论场，自媒体也成了企业营销的重要手段之一，越来越多的企业开始利用自媒体进行品牌推广。自媒体的影响力越来越大，其市场价值也越来越凸显。酒店业的营销将迎来新的时代。

微博是一种链式传播极强的社会化媒体平台。2011年桔子水晶酒店结合微博上星座话题较受欢迎的特点，在微博上用"爱与激情"系列视频短片展示12星座男士爱与性的特质。这系列短片一经播出，便在微博上掀起了一股点击狂潮，微博转发数量达50万，同时还获得人人、优酷、土豆等网站的大量转载，桔子水晶酒店品牌知名度大大提高。

现代社会，人们对生活品质的要求越来越高，越来越多的尝鲜一族想要体验的是独具特色的小众情怀，因此自媒体催生了许多有特色、有创意，甚至是小众的另类的客栈。例如，位于海拔3 200米的甘南草原的诺尔丹营地，有七座松木小屋和四顶手工编织的帐篷，共分为用餐区、篝火区和桑拿浴室，可以让你亲身体验在古老的丝绸之路上的游牧生活。酒店仅在每年的5~10月开放，需提前一个月预约。游客可以在草原上骑马驰骋，参加晚上的篝火晚会，围炉而饮，观月数星等；如果赶上候鸟迁徙时节，游客还可以观鸟：沿着草原蜿蜒的小河散步，自由随性。再如，隐藏于北京的东景缘酒店，其所在的古建筑曾是嵩祝三寺（嵩祝寺、智珠寺、法渊寺）建筑群中智珠寺的一部分。东景缘酒店在智珠寺旧址上改造而成，集餐饮、住宿、会议、画廊于一体，巩俐、张曼玉、法国前总统德斯坦等名人都曾在东景缘酒店入住。酒店客房有两种不同的风格，其中的冥思、星辰、齐云、峨眉四间客房内部的陈设独具现代感；另外四间呈祥、牡丹、露华、清雅客房则由清代僧寮改建而成，更具传统中式风格。还有，位于莫干山的郡安里君澜度假区由主楼、别墅区、各类主题餐厅、跑马场、各类球类运动场、千人户外草坪等组成，总占地面积达1 350亩①。郡安里君澜有5幢一线湖景别墅，坐拥一个私人水库，还配置了户外烧烤炉，其中2幢别墅还配有户外浴缸，客人在星空下泡澡，非常惬意。另外，隐藏于杭州的玉皇山中

---

① 1亩≈666.67平方米，下同。

的白格可能是你的放松乐园，它具有简朴、整洁、静谧的气质，在内部空间在暖黄色灯光的映衬下，房间仿佛一个个会发亮的神秘盒子。

这些小众客栈不求大量的广告、广泛的客源，只为每一个懂得欣赏的有缘人，因为每一间民宿，都是一个故事的开始，就像每一个人，都是一本行走的书，只留给懂它的人读。这些独特性使得小众客栈，正是通过自媒体的宣传，逐渐被越来越多的人知晓。

二、悄然火爆的房屋分享

房屋分享是指通过互联网平台将市场上分散的房源信息集中起来，并开放给有需要的用户。房屋分享是从国外开始流行起来的，家庭旅馆可以看作房屋分享的前身。它是指居民将自己的房屋作为旅馆出租的一种经营形式。如今，互联网使得找不到临时住处的人和有空置房间的人可以方便地建立联系，闲置房屋得到最大程度的利用并为其所有者带来收益的同时，租户日益多样的个性化需求也得到了满足。

房屋分享经济始祖爱彼迎（Airbnb）联合创始人乔·杰比亚（Joe Gebbia）说："这种超越交易的个人与个人间的联系，是分享经济要达到的目标。如果你只是把这叫作'房租经济'，并非完整的定义。"Airbnb 的特点在于，它赋予了闲置房间变现的能力。分享的形式突破了传统的生产组织，因此它既不是传统酒店，也不是传统的房屋租赁，它对现有体系的法律、税收和社区管理等方面，都构成了不小的挑战。

放眼中国的房屋分享经济市场，自 2011 年以来，市场已经诞生爱日租、游天下、蚂蚁短租、途家、住百家等数十家较大的平台。一些是新成立的创业型公司，比如小猪短租；另一些是本土互联网公司新开拓的子品牌，如搜房旗下的"游天下"和赶集网旗下的"蚂蚁短租"。相比那些还在摸索市场感觉的公司，途家在 2015 年的估值就已经达到了 12 亿美元，它的业务模式繁多，以 B2C 为主。"我们欢迎有闲置房屋的房东，来途家感受全新的收益模式和分享体验。途家凭借其优质的客群及贴心的服务，通过最简便高效的途径，让您在免费发布房屋信息、轻松赚钱的同时，还可以与来自世界各地的房客相互交流分享。途家专业的房东保险保障计划及经营指导，免去您的后顾之忧，让您分享赚钱更省心。"从途家的广告词可以看出它的创新之处与优良服务。途家的大部分房源是由各类代理商管理的，这与 Airbnb、小猪等靠房主个人管理经营的模式不同。如此看来，途家的模式更接近传统租赁中介。

人类社会正再次经历发展升级。随着技术手段的不断更新，一些新的商业形态的出现将会以极快的速度改造所有行业。房屋分享经济必将带来一场新的变革。

三、电商平台支持下的房屋短租行业

房价高、买房难，楼市持续低迷，租房需求持续攀升，租房市场异常活跃。互联网、新媒体、第三方交易平台的推广使用实现了传统行业线上、线下的融合，租房市场的 O2O

模式改变了传统的门店式租房中介运营成本高、信息不透明的低效率状态，"去门店化"赫然成为中介行业发展的新趋势。

网络短租平台是租房市场O2O模式近几年催生的一种新生事物，大型比赛、交易会、旅游、开学季春节探亲、临时出差、考研考公等短期租住需求使得经济实惠、灵活方便短租市场异常火爆，短租行业发展得正风生水起，不少投资人很看好这个行业。近年来，像小猪短租、途家、蚂蚁短租、游天下、美租网等大批网络短租平台竞相上线，加入短租市场的争夺之中。

短租房，又名移动公寓、日租公寓、自助公寓、日租房，是将房屋短期出租给客人，即传统意义上的家庭旅馆。与传统租赁时间为半年至几年不等不同，短租房的租期一般是一日至几个月。它可以满足假日旅游、度假或者短期出差等短期异地住宿需求，短租的住宿费用甚至在同档次品质的前提下比三星级酒店的费用要低30%~50%，同时短租房能为租客营造"家"的感觉，满足租客个性化需求，既经济实惠，又灵活多变。由于短租市场日益成熟，国内互联网企业开始涉足短租房市场，开办短租房信息网站，为房东的短租房提供一个展示和出租平台。同时，也为商务旅游、家庭出游等人群寻找短租房提供方便。

短租市场的经营模式可以用一句话概括为：为房东提供免费房源注册，租客也可以免费浏览短租房信息。一旦租客看重某套房源，就可以通过电话等方式向短租房网站申请预订房间，网站客服会为租客提前订好房间，租客到达目的地后，直接拎包入住。租房成功后，短租房网站一般会向房东收取一定的服务费用，这也是短租房网站的盈利模式之一。当下国内比较知名的短租房网站有：一呆网、蚂蚁短租、爱游爱游易、住我那短租网、游天下、快乐租、小猪短租等。国外非常出名短租房网站有：Airbnb、HouseTrip、Wimdu、HomeAway等。目前行业内部已经形成了较为成熟的运营模式，比较简单的模式有Airbnb，其功能是实现房东和租客的快速匹配；有微信租房平台——V租房，意为通过微信进行租房；还有重要的自有房源模式，比如车库咖啡创始人苏菂加入的YOU+、蘑菇公寓等。这些模式无论简单或复杂都是去中介化的，都大大减少了租客、房东、经纪人和传统中介公司的流程问题。

互联网的出现逐渐改变了信息层面不透明的情况，通过对线下信息的聚合，供需双方在线上能够很方便地发布和寻找信息。无论哪种交易平台，所呈现出来的新的交易模式与传统模式相比，均有其独特的优势。

子项目三　探索电子商务带来的新发展

【案例与解析】

酒店智能化，入住离店无前台

当你商旅出差或者游山玩水，结束了一天的行程之后，走进酒店，还得拎着大包小包，在前台排队等候办理入住手续。然而，智能酒店前台 e 住通的出现，将这些问题都全部搞定了。

顾客只需通过移动端或者 PC 端登录 e 家预订平台，提前选择心仪的酒店进行预订和支付，或者到达酒店后，在大厅一台智能终端机上选择房型，进行预订后，刷一下个人身份证并扫一下指纹，通过微信或者支付宝等任意支付方式完成支付，即可获得一张与房型房号所对应的房卡，凭此房卡即可打开所订房间，完成入住手续；离店时，只需要在智能终端机插入房卡，即可完成退房手续，无须查房，全流程无须经过酒店人工前台。

以 e 家预订为主导的线上预订平台，致力于推动传统服务业向现代服务业转型升级，通过企业联盟，资源整合，构建品牌效益共享、数据信息共享、会员资源共享的生态圈和交互平台，提供互联网时代的智能化 O2O 解决方案，其完善的信用评价体系，保障智能前台办理入住离店环节，客人无须交付押金，无须等待酒店查房，最终实现用户的全流程最佳体验。

以智能前台 e 住通为主导的酒店智能化设备，致力于酒店智能化转型升级，通过与线上预订平台 e 家预订，线下酒店智能管理软件 E-PMS，三位一体的无缝对接，实现客户交易信息实时同步。客户不论是通过移动端或者 PC 端完成预订，还是在酒店大厅通过智能前台 e 住通完成预订，只需要按照 e 住通语音提示进行操作，即可实现第一秒点击身份证入住或验证码办理入住，第二秒刷身份证并验证指纹，第三秒领取房卡和凭条的极速智能入住。智能设备代替人工服务，提升了酒店现代化智能管理水平，构建了互联网时代智能化便捷服务新体验。

有了智能酒店前台，酒店无须安排多个人工前台每日轮流值班，智能终端 7×24 小时自助服务，完全能够满足客户的入住、离店手续办理需求，而且简化了办理手续。这样一来，不但降低了酒店的人工成本，而且提升了酒店智能化水平和服务效率，促使酒店成功实现开源节流，提升了客户满意度。

一、智能化打破传统酒店格局

从接入互联网、与手机互通的无钥门禁，到颠覆传统酒店概念的智能卫浴，智能化旋风正席卷整个酒店行业。在互联网的带动下，未来的酒店服务，将给客人带来更大的便利。突破传统、走向终端智能化，升级酒店入住体验，提高客人对酒店的体验满意度，是整个酒店行业在"互联网+"时代下的再次变革，也是未来获得竞争优势的新动力。

智慧酒店是指酒店拥有一套完善的智能化体系，它通过数字化与网络化实现酒店数字信息化服务。酒店智能化是一个不断丰富、发展的领域。酒店作为直接给客人提供服务的场所，应充分考虑满足客人的个人隐私、个性化的需求，让客人感受到高科技带来的舒适和便利。同时，酒店物耗、能耗、人员成本，也应尽力降到最低。

酒店智能化通过以下三个方面来实现：第一，酒店综合服务管理的智能化，酒店通过楼宇设备控制系统、安全防范系统、计算机网络系统、集成管理系统等对酒店的公共资源进行科学化的管理，降低运营成本，确保酒店的安全运行。第二，酒店通过客房智能控制系统、VOD 点播等酒店信息服务系统等为客人提供更好的服务和环境，提升酒店的综合竞争力。下面以使用客房控制系统为例进行说明：客人通过网络或电话告知酒店自己的需求，酒店就通过远程订房系统对该房间进行定时预留，并及时为客人的特殊喜好做好准备，等候客人的到来；当客人到来后，客人只需要出示自己的身份证，就可以立刻入住酒店预留好的客房；来到客房门前，用门锁卡或预先的会员卡就可以打开电子门锁；打开客房的门，这时房间走廊的廊灯自动亮了，客人把卡插入取电开关，房间根据客人入住的时间，比如晚间，适时地选择相应柔和的夜景模式，床头灯亮了，小台灯亮了，电视自动打开了，房间播放着柔和的音乐，客人愉快地沐浴，然后轻触床头的触摸开关，选择睡眠模式，走廊的小夜灯亮，其他灯随之熄灭；入住结束，客人退房时来到大堂，只需刷一下会员卡，房费自动在卡中扣除；客人在账单上签下自己的名字，离开酒店。第三，酒店对外界宣传的智能化。这里指的是酒店除了投放传统广告以外，还创建属于自己的网站，并且通过互联网把自己的广告打到了全世界所有有利于推广酒店的地方，从而为自己建立了一条自我推广、宣传面广的互联网广告智能渠道。每次当要入住的客人打开某网页，看到酒店内部装潢正是自己所喜欢的，就会欣然在酒店网站输入订房信息，支付酒店费用，办理会员卡，这时酒店前台立即获得信息，得知一位尊贵的客人已经通过互联网预订了酒店服务。接下来，等待客人的，就是酒店的贴身服务了。

以上三点是酒店智能化的真正含义。酒店通过智能化产品，既实现了盈利，又获得了好的口碑，从而打破传统酒店单一的经营格局。

二、酒店付费方式的变革

截至 2023 年年底，我国移动支付用户规模达到 31 851.47 亿笔，同比增长 16.81%[①]。此外，根据艾媒咨询的数据，2024 年中国消费者使用过的支付方式中，手机支付以73.2%的占比位列第一。中国移动支付走到了世界前列，这已成为不争的事实。不难看

[①]　数据来源：人民日报《2023 年我国支付体系运行平稳　移动支付业务量同比增长 16.81%》。

到，移动支付逐渐改变了人们的支付方式，人们看电影、吃饭、买衣服、去超市……随时随地掏出手机就可以付钱，有时还能享受到额外的优惠。随着支付方式的变革，"无现金社会"成为热议的话题之一。而酒店的付费方式也从传统的现金结算、银行卡支付开始向信用住方向发展。

信用住是阿里旅行在2015年联合蚂蚁金服旗下的芝麻信用、支付宝，结合消费大数据，为消费者及酒店提供的基于信用基础上的体验与服务。首先，信用住从消费端重塑线上到线下的酒店入住体验。当芝麻信用分达到600分，在阿里旅行平台上预订信用住合作酒店，或在前台登记入住时选择信用住，即可不交押金快速入住，在退房时也无须查房、无须排队，直接将房卡交付前台即可离店。其次，对酒店来说，阿里旅行从供给侧改变行业生态链，提升了其运营效率和收益。提升酒店运营效率主要有两个方面，一是接待效率，信用住能帮助酒店快速识别客户身份，快速办理入住，前台处理速度快了数倍；二是结算效率，在客人离店后，酒店发起收款，支付宝会及时将房费打至酒店账户，酒店无须对账，无须在结算手续上耗费巨大的人力和时间成本。信用住也使合作酒店的收益管理得到了明显的提升，阿里旅行平台上酒店的价格由酒店自己掌握，可以根据市场变化随时调整，并配合收益管理进行产品设计，保证价格的一致性；同时，信用住相当于前台现付、即时结算，无结算周期实时到账，·有助于实现酒店收益管理的最大化。信用住的特点如下：①为客人实现三免服务，即免押金、免排队、免查房，入住时免交押金、退房时免排队、交了房卡免查房就可以离店。②对酒店而言，实现超低的No-Show（No-Show指客人在预订酒店的服务后，但没有到场）率，相比于携程、艺龙前台现付50%的No-Show率，阿里信用住客人的No-Show仅为2%左右（取消率约为20%，不计入No-Show率）。所有订单均有客人的姓名、手机号码，酒店可以直接联系客人进行确认。③安全保障方面，酒店只需保证入住客人和订单中的姓名一致，便可享受到阿里旅行的全额担保，保障酒店可收到应收的房费及杂费。

阿里旅行推出的信用住服务，在接入支付宝信用以及酒店管理系统的基础上，为酒店提供从前台到后台房态管理的系统。随着阿里旅行推出未来酒店、信用住等产品抢夺在线酒店预订市场，携程与去哪儿网牵手合作占据了在线酒店预订大部分市场份额，而酒店管理系统（PMS）被业界认为是在线酒店预订接下来的竞争重点。

北京众荟信息技术股份有限公司（以下简称"众荟"）在厦门推出了新产品——入住通。入住通能够帮助酒店和客栈打通住前、住中、住后的线上服务链。与此同时，携程旅行网在众荟的入住通产品中嵌入了"信用住"功能，这个功能将在市场中为预订酒店的用户提供"到店免押金、离店免查房、离店后再扣款"服务。根据携程方面提供的数据，"入住通上线以来，有20 000家酒店及客栈完成了与入住通的对接"。据介绍，"入住通"目前上线了五项功能，分别是双向渠道管理、携程信用住、预设服务、在线选房和智能门锁。就这五项功能看，携程信用住被认为是核心产品。携程信用住目前实施的方案是不设立积分等门槛，接入携程自身的信用系统，未达到信用标准的用户则可以在预订酒店时，提前在携程做预授权，那么到入住时同样能享受"到店免押金、离店免查房、离店后再扣款"的服务。

三、酒店业的跨界经营

在酒店越开越多的今天，酒店如何进行创新从而赢得更多住客，是其不得不面对的问题。除去新鲜的感官体验和文化格调外，无论是对经营业态的选择还是对奢华服务的想象，抑或对个性化服务的探索，跳出既有领地，做各种跨界融合，已成为酒店破局的一个出路。

（一）跨界合作：酒店业品牌生命力再造

跨界合作（crossover）是近年来的一个热点，不同领域两种及以上的产品跨越设计及概念界限的合作，这种既矛盾又和谐的创新，往往可以带来全新的商业模式。在酒店行业，crossover同样也大受推崇。酒店与奢侈品、汽车、艺术、环保、历史、文化的跨界融合，已经成就了全新的酒店品牌战略和用户体验。

度假酒店在向城市迈进，城市酒店也在向精品化发展。北京怡亨酒店是一家将现代艺术和城市特点完美结合的精品酒店。不论是在私密的酒店房间，还是在人流穿行的大堂，都有很多艺术家的展品供你欣赏。"在市中心把酒店做成度假酒店的样子，对于北京乃至中国来说，都是一个有特点的景象。"北京怡亨酒店总经理克劳斯（Krauss）认为，品牌的跨界就是把本地和国际的艺术环境结合起来，并以一种绿色环保的方式去运行。这样的跨界，才能够体现出价值。

（二）知名品牌涉足：带来全新体验

提到跨界，出现频率很高的词就是一些奢侈品品牌，例如爱马仕、范思哲、宝格丽等，当它们成为酒店名字的时候，跨界又再度成为酒店业的一个话题。"天哪，它们连面巾纸都是范思哲的！"据说这是美国前总统布什在范思哲的奢华酒店里发出的一声惊叹。这声感叹还可以被替换成各种版本：天哪，阿玛尼酒店门童穿的竟然是它最新款的大衣！天哪，这房间是乔治·阿玛尼亲自设计的！种种充满惊叹号的酒店，正成为奢侈品牌的新秀场。

据了解，最早进入酒店领域的是范思哲。早在1994年，范思哲就在澳大利亚黄金海岸开设了第一家五星级酒店范思哲皇宫，之后，阿玛尼、米索尼、宝格丽等品牌先后加入酒店阵营。2010年4月底，阿玛尼在迪拜塔的全球旗舰酒店正式开业。据悉，阿玛尼已与迪拜房产开发商伊玛尔（Emaar）公司签订意向书，未来7年将在全球最大的城市开设10家酒店和4家豪华度假村。纽约的瑞吉酒店拥有1 700平方英尺（1平方英尺≈0.093平方米）的迪奥套间，设计部分全由迪奥设计师负责。顶级珠宝品牌宝格丽也入驻了中国的北京和上海，在这里盖起继米兰、巴厘岛、伦敦后的全球第四家和第六家宝格丽酒店。

（三）"酒店+地产"：相互影响推动

早些年兴起的"酒店+地产"形式近几年又再度蹿红，"酒店+地产"就是酒店与地产相结合的业态形式，比如，绿城集团与凯悦国际酒店旗下君悦酒店合作案，世贸房产牵手洲际酒店集团等。如今，"酒店+地产"模式发展迅猛，酒店对于地产的带动作用已不容置疑，尤其是大量商业项目，引入酒店对其价值的提升作用非常明显。近10年来世界酒店地产开发以每年15.8%的速度在增长。

房地产项目之所以能与酒店频频牵手，是因为双方可以形成良好的互补关系。酒店可以利用项目积累的丰富的客户资源和环境资源，维持自身比较平稳的发展；而楼盘项目则可以借助酒店的经营带动周边的社区配套，在一定程度上方便了业主的工作和生活；同时一个国内外知名的高档酒店进驻房地产项目，使得该项目的人气、形象、服务都能得到进一步的提升。

不同行业对跨界的定义都有所不同，其实简单说来就是不同领域两种及以上的产品跨越设计及概念界限的合作，这种既矛盾又和谐的创新，往往可以带来全新的商业模式和一种前所未有的用户体验。对酒店而言，跨界是一种崭新的体验，是一种无界限的品牌合作，是一种文化历史的交融，更是一种生活的态度。在快速发展的多元化社会下，酒店跨界的尝试与成功，充分说明了借力、助力的可行性。也许在未来的某一天，我们会发现更多跨界酒店的诞生，这对酒店本身来说也是一种更大的挑战与机遇。

【任务4-2】

智慧客房设计
参考下图为该客房设计智慧客房方案。

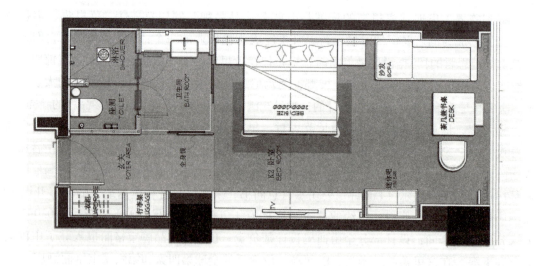

项目五　谁与你同行——交通业电子商务

教学目标

1. 掌握交通业电子商务的基本概念；
2. 了解交通业电子商务的分类、区别和联系；
3. 了解航空、铁路、航运电子商务的基本工作流程；
4. 掌握交通旅游业的服务模式；
5. 理解传统交通业与在线交通电子商务的不同。

小试牛刀

简述交通票务预订平台的盈利模式有哪些。

_____

_____

_____

_____

同课程分段式教学建议

　　本章是关于交通业电子商务的概括介绍，教师授课时可邀请目前从事交通电子商务工作的业内人士同台讲解，以互动的方式教学。另外，建议师生到在线电子商务企业进行实地参观以巩固课堂教学效果。

交通业电子商务

导入案例

电子机票引领下的交通电子商务新时代

2003年7月1日，中国国际航空公司宣布，正式在国内航线中推出电子机票业务。国航首期开展该业务的城市有北京、成都、重庆、杭州、沈阳、广州、深圳、青岛、上海9个城市。同年9月8日，东航随即也推出了集订购票、办理手续、通过安检、顺利登机、报销凭证5大功能于一身的"五合一"电子机票。

当前，电子机票从订票、订座、付款到办理登机手续的过程，全部都能在互联网上完成，乘客信息都安全地存储在航空公司的电子数据库中，与之联网的计算机都能够清晰、准确地显示这些票联，你不必手持任何票据，只需带上身份证等有效的身份证件，就可以直接到机场办理登机手续。

特别是2009年4月8日，中国南航和中国移动合作，在国内率先推出了电子登机牌服务。乘客只需手持一张身份证，或凭航空公司发送的手机短信和二维码，就可直接通过安检登机。乘客在航班起飞前一日14时后至航班起飞前30分钟，在网上电子登机牌服务系统自行办理电子登机牌手续。人们也可用手机自编短信"办登机牌"，按提示办理短信和彩信二维码电子登机牌，之后南航系统将把包含旅客姓名、航班日期、航班号、座位号等信息及二维码图片的短信发送至旅客手机。到达机场后，无托运行李的旅客可持二代居民身份证直接安检登机；持有其他有效合法身份证件的旅客，可凭手机短信二维码登机牌安检登机。乘客不需到机场就可提前办理电子登机牌，节省了到机场排队等候办理乘机手续的时间，同时乘客可提前在网上选择座位，不用打印传统纸制登机牌。

[分析]

在电子机票出现之前，乘客至少需要提前一天，携带身份证等证件，到民航售票处排队买票，如果需要改签或退票，那就需要花费更多的时间，去指定的售票处或者是机场办理。而有了电子机票后，乘客则可以足不出户，在航班起飞前8个小时，登录航空公司的网站，花费5分钟就能完成购买。而变更出行的时间和退票也不再是一件麻烦事，只需登录网站，输入相关信息，瞬间就能完成机票的改签或退票，而退还的钱款则由航空公司直接退回旅客银行卡的账户上。

交通运输业是国民经济运行的命脉，其流动性、高效益性对信息化提出了强烈需求。交通需求量的增加掀起了全世界用信息化改造传统交通物流体系的热潮，而电子商务带来的交易方式的变革，使交通运输业向信息化、网络化进一步发展。交通运输业如何通过开展电子商务，利用现代信息技术全面收集、分析客户信息及企业自身资源，创建畅通于客户、企业内部和第三方服务商之间的物流方式，从而以最快的速度和最低的成本响应市场，成为交通运输业发展中必须解决的问题。为实现畅通、高效的物流，满足货主在安全、迅速、准确、及时、经济、便利等方面的运输要求，满足旅客在便捷、实时、经济等方面的乘车要求，提高交通运输业竞争力和客户满意度，交通运输业必须主动适应计算机网络化和经济全球化的趋势，积极发展电子商务，以适应社会的高效率、低成本和快节奏的发展趋势。

交通电子商务是指通过交通行业电子商务，实现交通运输企业各经营环节的电子化管理，以提高交通运行管理的效率和效益。一般包括如下内容：

（1）信息发布与咨询服务。

交通信息发布的内容包括：发布航空公司机票的航班、行程、时间、价格；发布铁路与长途汽车客票的车次、行程、时间及价格。与同行业合作伙伴联合发布相关信息，包括：航班和行程、旅游常识、旅游线路、天气预报、民俗趣事等。当然，任何人都可以用网络的信息化手段与旅游交通企业进行实时咨询，如移动资讯、网络咨询等。

（2）提供个性化的产品及服务。

消费者通过网络预订，可以选择自己喜欢的出行时段、交通工具、不同的票务。交通公司也可以通过网络信息平台获取消费者的新需求和爱好，并有针对性地提供服务，提高满意度和竞争力。

（3）在线预订服务。

通过网站，乘客在线预订自己需要的车票、机票，并通过网络直接支付，简化了原有的购票流程。

（4）收获服务及论坛交流。

旅游交通企业或部门通过网络论坛和社区，建立一个企业与乘客相互交流的沟通平台，通过旅游论坛中的帖子和邮件反馈及时收集乘客对企业的意见，并给出合理的答复和解决方案；在网络论坛或QQ群、微信群等平台，创建一些由具有共同兴趣爱好的乘客组成的虚拟空间，线上、线下定期举办一些活动，从增进社区成员的感情，提升口碑等方面吸引更多的客源或消费者。

子项目一　了解航空业电子商务

【案例与解析】

疫情中的航司套票体验

2020年，全世界民用航空业遭到巨大打击。为应对危机，各大航空公司创新产品设计，纷纷推出了多种航空套票产品，在2020年引发热议和关注。知名的套票有：南航快乐飞（1.0、2.0），东航周末随心飞，海航随心飞等。

这些套票的基本特点是乘客一次性购买某种套票后，在规定条件和时段内，乘客可以不限次数地任意飞行。巨大的优惠诱惑，使这种套票迅速火遍全国。但这种套票也有一定的使用门槛，一般的要求归纳如下：

航段限制：同一出发机场到同一抵达机场最多兑换2次（也就是说大部分城市间的机票你只可以有2次往返）。

改签限制：一般套票对改签和是否乘坐出行有严格要求，兑换机票后如果违约，会取消套票的使用资格。

［解析］

作为一种特定情况下的创新产品，用户在使用时都不是完全自由、随心的，是需要在遵守一定规则的情况下尽可能地让套票价值最大化——这个对于旅行者而言其实是有门槛的。

票量体验：例如，中国南方航空声称"每天提供不少于2万个座位"，但具体座位数量在不同航线的分配情况是未知的，所以使用中会发生特定热门日期、热门航段的可兑换数量供不应求的情况。这实际是一种使用的壁垒，制约着套票的使用频率，控制了产品的成本。

航变情况：不同航司对于不正常航班的后续处理都比较"严苛"，也是各家航空公司套票规则里写得一清二楚的条款，这点要看个人能不能接受——万一发生了，需要完全接受航空公司的后续安排（如果还想要乘坐航班的话），这肯定会给个人的出行计划造成变动。

未知风险：由于是疫情情况下的产品，疫情防控在很长一段时间内是决定能否出行的关键性不确定因素（比如说2020年年末入冬后国内各地疫情反复），而航空公司推出这种套票一方面是为了盘活自身的冷门航线，另一方面也是在市场上进行"博弈"。

一、全球分销系统

最早的订座系统叫编目航班控制系统（inventor control system，ICS），是西方一些大航空公司为实现更多、更便利的销售，于 20 世纪 60 年代建立起来的以计算机订座控制和销售为主要功能的网络系统。该系统一般由一家航空公司单独与计算机公司联合建立，并只限于服务其本航空公司。随着国际航空公司业务的迅速扩展，各航空公司本身通过 ICS 系统售票意义已经不大，而且该系统运营成本较高，同时各代理人也产生同时分销多家航空公司产品的需求。订座系统经历了一系列的发展和变化，最后逐步发展成为不仅提供航空客票预订与出票业务，而且具有预订酒店等其他产品功能的全球分销系统（global distribution system，GDS）。

按照国际航空运输协会的规定，我国于 2008 年 5 月底停止发售纸质机票，全面推行电子机票。航空公司的行业竞争进入了一个新的阶段。我国的 GDS 市场供给方主要是中国民航信息网络股份有限公司（以下简称"中航信"）、外航驻中国办事处及国外 GDS 在中国的终端。目前，中航信运营着我国民航唯一的航班控制系统（ICS）和计算机订座系统（CRS），而且是国内唯一向分销代理人、售票处和消费者提供航空运输服务产品的公司。国内机票出票业务主要由中航信的凯亚系统完成，它具有绝对的垄断地位，处理了占我国商业航空公司总预订量 97% 的订座。

组建 GDS 可以使旅游企业之间的网络关系更加密切，使我国旅游业与航空企业之间的关系更加优化。这非常有利于我国旅游企业的集团化发展和网络化经营，也有利于形成旅游、航空各个方面紧密的利益共同体，增强国际竞争力。

二、常用的机票订票网站及其 App

携程网是中国最早的旅游电子商务企业之一，创立于 1999 年，它从一个在线票务服务公司起步，总部设在中国上海，也是目前中国最大的 OTA。2003 年 12 月，携程旅行网在美国纳斯达克成功上市，是目前中国机票预订市场的最大经销商。另外，目前机票预订销售中比较有影响力的旅游网站还有飞猪旅游网、同程旅行网、去哪儿网等。

（一）去哪儿网

去哪儿网最初通过提供垂直搜索、比价服务进入机票预订行业，很快成为行业中的佼佼者。因能够提供国内外特价机票、酒店、旅游度假、景点门票产品一站式的预订服务，其机票销量突出。2011 年 6 月 24 日，去哪儿网获得百度战略投资 3.06 亿美元。2014 年 12 月 25 日，去哪儿网宣布投资全国性旅游连锁机构旅游百事通。2015 年 10 月 26 日，携程网和去哪儿网宣布合并，合并后携程拥有 45% 的去哪儿网的投票权。图 5-1 为去哪儿网官方网站首页。

图 5-1　去哪儿网官方网站首页

（二）春秋航空

春秋航空是以价格低廉闻名的民营航空公司，它是中国唯一一家不进中航信，以 B2C 直销为主渠道的航空公司，其电子商务化程度已居国内同行前列。据《北京商报》2024 年 10 月 30 日的报道，2024 年第三季度，春秋航空实现营业收入 61.02 亿元，同比增加 0.48%。

春秋航空的立足点就是低价策略，而其本身不大的规模意味着"船小好调头"，成为摆脱机票代理商的领头羊。但对一些国有的或者上市的大型航空公司来说，仅仅通过机票降价与代理商竞争显然不是明智之举。类似携程、艺龙等机票代理商囊括了几乎所有航空公司的所有航线，而且它们已经积累了一定量的用户，何况它们还提供酒店预订等其他打包服务，虽然受到网络直销的影响，但是长期积累的忠诚客户还是大有人在的。

因此，国内航空公司尤其是对于像国航、南航等大型航空公司来说，追求成本领先的差异化产品和服务战略将成为未来电子商务发展的主要方向。国航将最具有价格优势的机票产品尽数放在自己的网站上，包括功能更新、产品更新等；南航的官网则吸引了喜欢提前 15 天以上预订机票的客户。这些举措都有效地吸引了更多用户转移至网络直销领域购票。

通过对美国的西南航空、欧洲 ESAYJET、瑞安航空等成功的低成本航空公司的几次考察学习后，春秋航空的董事长王正华坚定了信心，坚持自己的 B2C 电子商务模式。经过锲而不舍的努力，春秋航空在开航前成功开发出了自己的订座系统并投入使用，也成为中国第一家拥有自己订座系统的航空公司。得益于自己的订座系统，春秋航空的 B2C 战略得以实施，B2C 收入占总收入从最初的 30% 增长到 2010 年的 80%。这样的比率，让春秋航空成为国内第一家以 B2C 为主的航空公司。

B2C 的基因融入了春秋航空的成长历程中，所以春秋航空实现了低成本营销。在这家没有代理人的航空公司，顾客大部分通过上网直接购票，即便是打电话到春秋航空的话务中心，接线小姐也会耐心地告诉你如何在春秋航空的官网上自己购票。

三、常旅客计划

常旅客计划（frequent flyer program）是指航空公司通过里程累积等方式来吸引经常乘坐飞机旅行的旅游者，达到增加或保持公司顾客数量和提升公司竞争力的目的。常旅客计划的网络营销正得到越来越广泛的应用。

常旅客计划首先出现于民航放松管制后的美国。20 世纪 70 年代末，放松管制带来的激烈的市场竞争，迫使各航空公司寻找新的生存机会和竞争战略，以吸引更多的乘客，获得更多的收益。在实践中，航空公司发现一部分经常乘坐飞机的乘客为航空公司带来举足轻重的利润。在此背景下，美利坚航空公司（AA）于 1981 年率先推出名为 AA Advantage 的常旅客计划，随后航空公司纷纷效仿推出各自的常旅客计划。常旅客计划已和产权联盟（EA）、收益管理系统（RMS）、轮辐式航线网（HSM）并称为航空公司的 4 大经营战略。

我国航空公司于 20 世纪 90 年代纷纷开启自己的常旅客计划。从中国国际航空公司、中国南方航空公司、中国东方航空公司 3 大航空公司开始，到山东航空公司、厦门航空公司等中小型航空公司，短短几年的时间，国内航空公司已成立了数十个常旅客计划。

子项目二　了解我国铁路运输业电子商务

【案例与解析】

铁路 12306：新增订餐和商旅服务

2017 年 7 月 16 日消息：从 7 月 17 日起，购买 G、D 字头列车的票后，可在 12306 官网或 App 上订餐，支持支付宝和微信支付付款。旅客通过 12306 网订票成功后，将收到是否订餐的提示，确认订餐后，按页面功能提示即可办理，并可使用支付宝和微信支付餐款；通过电话、车站窗口、代售点、自动售票机等其他方式购票的旅客，也可通过 12306 网上订餐，订餐时需提供车票信息和联系人信息，所订餐食费用（含配送费）均按社会网络订餐规则收取。

航空交通是旅游交通中最早开展电子商务的产业，在航空产业的带领下，这几年我国铁路、公路等交通电子商务已开始全面实施，铁路的"无票旅行时代"已经开始。特别是高铁，高铁已开始全面启动电子票务。在此基础上开展的更多的铁路电子商务服务正在逐步展开。

（资料来源：IT 之家网）

一、铁路交通电子商务发展历史

随着信息化时代的到来，现代交通业的竞争也和其他旅游业一样成为名副其实的信息的竞争。铁路交通要在这场信息战中取胜，面临的主要问题就是如何完成从传统经营方式向现代经营方式的转化，积极利用信息技术开展电子商务，用电子商务提升自身的竞争优势。铁路交通在高铁出现以前，其在电子商务领域几乎为空白；进入高铁时代后，由于交通竞争的压力，铁路交通的电子商务进入快速发展阶段。

信息化是电子商务开展的基础。我国铁路信息化经历了两个大的阶段：第一阶段是20世纪70年代初至20世纪90年代初，铁路信息化建设基本上是小规模的单项建设，部门级建设采用的也多是初级应用，如办公数据处理系统；第二阶段是20世纪90年代中期至今，我国铁路信息化主要是综合性企业级系统建设，并进一步向行业性系统深化，建设了包括全国性的运输管理信息系统、铁路客票预订和发售系统等业务管理信息系统。

在经过长达数十年的快速发展后，中国铁路已经拥有了以路网、机车、车辆、仓储、信息系统等为代表的巨大资源库。具体表现为：拥有中国规模最大的运输设备资源和储藏能力强大的仓储资源，并具有极为完善的铁路运输组织；拥有规模仅次于中国电信的铁路专网通信网络，而且许多站段还拥有局域网；已经建立起了运输行业中最为庞大的信息网络和种类最齐全的信息系统，具备了良好的网络基础设施；我国铁路拥有包括计算机、通信、网络、营销、管理在内的多方面人才。所有这些为开展电子商务建立了良好的基础。

持续增长的、巨大的市场需求是铁路电子商务应用的外部动因，铁路电子商务系统的总体框架，由一个全路的门户站点、电子商务应用平台及铁路现有内部信息系统三部分组成。为此，我国铁路已经开始从铁路站点、铁路物资总公司中铁贸易网及中铁物流网、中铁快运有限公司、铁路集装箱中心入手进行试点工程的建设，开发相关的电子商务系统并进行实验，与之相配套的物流配送体系也开始逐步设计、建设和推广。

我国铁路已经建立了覆盖全国的计算机网络系统和三大通信基础网（传输网、交换网、数据通信网），先后开发了一大批应用信息系统。这些信息系统可以划分为三个方面，其中，铁路运输管理信息系统（TMIS）是铁路信息化的核心，而铁路客票发售预订系统（SMART）、货运营销与生产管理系统（FMOS）是面向用户的管理信息系统，要进行对客业务的运作。

二、我国发展铁路电子商务的意义

我国铁路电子商务对现代社会的发展以及经济建设都具有重要意义，由于铁路具有独特资源优势，电子商务的出现成为铁路交通发展的重大机遇，也成为改善服务的重要举措。电子商务的发展对铁路交通具有以下几个方面的现实指导意义。

1. 有利于建立全国性的资金结算体系

铁路在信息、资金、物流三位一体的电子商务体系中具备天然优势。作为铁路电子商务的基础与核心，铁路的调度指挥管理信息系统（DMIS）、客票系统、集装箱管理系统、行包系统等业务管理系统正在建设和完善中，这些系统为铁路电子商务系统提供了关于客运、货运、集装箱、行包等运输作业的基础信息流，并提供了通向所有运输作业场所和经营场所的信息传输渠道，具备相对完整的铁路电子商务系统业务信息基础。在此基础上，铁路正在建设的资金结算系统、清算系统、客货精密统计系统和成本计算系统，为铁路电子商务系统提供了交易结算的电子手段。经国家批准，铁路和作为铁路计算与拨款业务传统伙伴的中国工商银行和中国建设银行共同建立了结算中心，为铁路电子商务系统建设提供了内外结算的基础。

2. 有利于铁路交通的市场营销

发展电子商务能够改善铁路市场营销方式，是扩大市场份额的一个突破口。电子商务发展促进了物流业的繁荣和运输市场的扩大，同时物流组织的改善又进一步促进电子商务的发展。电子商务是一种经营手段，它和网络营销紧密联系在一起，发展电子商务有利于铁路交通业务的发展，比如网络售票、货运业务、物流配送都需要网络营销的推广。电子商务在丰富铁路市场营销方式的同时，也促使铁路利用现有资源，发展运输代理、物流配送中心、信息增值产品及延伸服务，进而铁路交通企业从单纯的物流承担者转向物流组织者，促进铁路与相关行业的协作，带动相关服务业务的发展，使铁路获得新的增长点。这是铁路电子商务发展的巨大优势。

3. 有利于树立铁路服务形象

电子商务为铁路树立现代企业形象带来了难得的机遇。电子商务在铁路客货运输中的推广应用，将是铁路走向现代交通的一个里程碑，能帮助铁路交通在客户和社会中有效地树立起现代铁路服务形象，从形式和内容上都有利于促进铁路交通的发展。电子商务的规模越大，市场对铁路运输业的需求就会越大，尤其是旅游业的发展，更需要铁路运输业电子商务的支撑。这是铁路电子商务发展的外部动因，也是其他行业难以相比的资源优势。

4. 有利于铁路内部信息系统的整合

电子商务涉及铁路内部各个系统的信息资源，而铁路内部存在各种形式的信息系统，以往这些信息系统之间很难进行数据交换。由于外部商务无缝链接的需要，电子商务的出现，有利于铁路交通部门对这些信息系统进行整合或集成，因为电子商务需要以这些信息系统的资源。在技术实现上，电子商务系统主要侧重于在数据层面上和服务层面上实现应用的整合和互操作，实现内部信息系统的网络化整合。

三、我国旅游铁路电子商务的基本内容

旅游铁路电子商务是为旅游或旅行提供服务的一种电子商务，它是铁路电子商务中的

重要组成部分，这种电子商务强调的是在线服务。因此，旅游铁路电子商务主要表现在以下五个方面：一是交通信息查询服务，为旅游者发布全面的铁路部门及其服务机构相关职能信息和铁路能够提供的全部运输服务信息，包括列车时刻、托运、保险等各种业务信息；二是信息反馈服务，旅游者通过网上社区或 E-mail 可以动态提出旅行咨询需求、旅行意见、索赔要求、问题咨询等信息，可以得到相关服务部门的及时回复；三是在线订票和购票服务，旅游者不但可以在线预订车票，还可以通过电子现金、电子借记卡、银行信用卡、电子钱包等开放的兑付手段完成购票、退票等业务，并能享受个性化、时段性的产品服务；四是代理人服务，为饭店、旅行社和大的团体代理购票，以及提供预订、优惠、折扣等在线洽谈、查阅和即时服务；五是其他旅行相关服务，旅游者可以在线完成托运、保险、索赔等其他与铁路运输相关的业务，包括网上资金结算和其他查询服务。这样，旅游者就可以 24 小时在线随时浏览、查询、反馈获取铁路旅行相关的服务。

开展电子商务对扩大铁路的影响范围，开拓运输市场，提高铁路竞争力起到积极的作用；有利于提高信息收集、加工、传递的效率、准确性和安全性，实现铁路集团对运输组织、财务、统计等工作的自动化管理，提高运输组织决策的科学性和运输组织管理水平；并有利于在铁路各部门、各单位之间进行财务清算和信息沟通，从而为铁路体制改革、资产重组提供技术支持。

四、常用火车订票网站

当前几乎所有的旅游电子商务平台都提供了火车票代购功能，比如飞猪、携程、去哪儿网、同程旅游网等。但它们提供的都是代购服务，它们最终也是统一通过中国铁路客户服务中心（12306 网）来实现购买的。因此，使用电脑或者手机在网上购票可使用很多网站或 App 进行。随着智能手机的普及，当前乘客使用 App 订票的比例特别高。

12306 网是铁路服务客户的重要窗口，它集成全路客货运输信息，为社会和铁路客户提供客货运输业务和公共信息查询服务。客户通过登录 12306 网站，可以查询旅客列车时刻表、票价、列车正晚点、车票余票、售票代售点、货物运价、车辆技术参数以及有关客货运规章。铁路货运大客户还可以通过这个网站办理业务。

2015 年 3 月，12306 的动态验证码改为随机的图片。12306 网络售票系统经优化调整，能将多人同一订单购票的旅客安排在相邻的座位或铺位，还能凭身份证号识别 60 岁以上老年旅客，为其优先安排下铺。图 5-2 为 12306 网站首页。

图 5-2　12306 网站首页

子项目三　了解城市交通与公路客运运输电子商务

【案例与解析】

从首汽约车崛起认识北京首汽

北京首汽（集团）股份有限公司是国内领先的全方位汽车服务提供商，前身为 1951 年由周恩来总理亲自命名成立的首都汽车公司。公司总资产 70 多亿元，年收入 80 多亿元，是北京市利税贡献 500 强。目前，这家传统的城市交通服务公司已经成长为主营业务涵盖汽车客运、汽车销售与维修、汽车租赁、成品油销售四大业态，所属企业十四家，拥有车辆四万余部，员工两万余人的新型交通企业。而其近年来大家所熟悉就是源于其新业务"首汽约车"。目前首汽约车已经成为一个遍及全国大中城市的、全国排名前五的网约车企业。2015 年 9 月 17 日，首汽约车正式上线，其车辆和司机来自首汽集团和祥龙出租公司。当时，首批车辆包括首汽集团的 500 辆车和祥龙出租的 100 辆车。

首汽约车推出 TAD 智能运营系统，该系统通过分析海量互联网大数据，打造全新运力调节系统，解决运力分配难题，让驾驶员能够明确哪个区域的需求最旺盛，驾驶员能够自主选择接单区域，做到有的放矢，使乘客有最多的机会打到车，并减少运营车辆的空驶率，提高车辆运营效率。而且，TAD 智能运营系统还设置了积分体系和智能订单分配系统。积分体系与驾驶员的绩效直接挂钩，以更好地调动驾驶员接单的主观能动性。智能订单分配系统是通过对订单与驾驶员评分的综合评估，让积分较高的优秀驾驶员有更高的机会获得积分较高的订单，从而促使驾驶员主动想办法提升自身积分，最终达到运力保障和驾驶员收入提高的双赢目的。TAD 智能运营系统的上线是首汽约车在智能化运营方面迈出的重要一步，首汽约车通过技术手段来攻克行业痛点，在供需关系中进行平衡，让驾驶员有效接单，为更多的消费者提供服务，提升用户体验。

［解析］

在互联网时代，首汽不断拓展自己的事业范围，其发展目标定位于"打造中国汽车出行服务领军品牌"，致力于成为汽车出行服务方案的设计者和顶级服务商。近年来，首汽积极响应国企改革和供给侧结构性改革号召，努力探索传统国有企业转型升级，确立了"实业+互联网+资本"的发展模式。目前其已形成以租车、约车、新能源分时租车三个平台为主体的首汽移动出行产业格局，并且带动传统产业转型。首汽租车车队规模位列全国三甲，服务覆盖 70 个以上主要城市、近 600 个门店和便捷点；首汽约车进驻 50 余个城市，交易量排位全国第四；GOFUN 新能源分时租车在 20 余个城市开通服务，运营能力与技术研发行业领先。

"互联网+"促进和推动了城市短途客运和高速公路客运的电子商务化进程。电子商务已经成了现阶段主要的商业运作模式。2015 年以来，国家先后多次出台了促进创新和发展"互联网+"的鼓励扶持政策，并将"互联网+便捷交通"作为行动的核心内容予以推进。

网约车、共享单车的高速发展，不仅颠覆了传统公交、出租车构成的短途交通模式，它们与智慧化的地铁、快速公交（BRT）共同构成了人们现代旅游活动短途交通的新格局。而高速公路是旅游团队、自驾游客旅游出行的首要选择，截至 2023 年年底，我国高速公路开通总里程超过 18.365 万千米，稳居世界第一。高速公路的发展提高了运输效率，方便了人们的出行。电子商务的出现与普及将为改变高速公路运营模式提供必要的基础与支持。

一、旅游公路电子商务

高速公路为旅游交通奠定了坚实基础，也为旅游目的地的建设和通达率做出了贡献。在电子商务的浪潮下，公路交通的电子商务呈现出良好的发展势头。消费者短距离出门旅行，可以很方便地通过网络购买各种公路车票，这是公路电子商务中的重要组成部分。旅游公路电子商务是解决旅游者"行"的便利性问题，不管是旅游者出门到达目的地，还是在目的地游览景区或景点，都离不开公路的订票和购票问题，因此公路票务是电子商务的核心内容。如旅游前的公路订票、旅游中的交通票务、旅游后的公路票务等。

　　旅游公路电子商务可以为旅游消费者提供多种个性化的服务产品，如定时的包车服务、团购服务以及各种形式的回程票服务等，这些服务都比购买单张的票务要便宜得多，不同的时段可采取不同的价格，以达到交通高峰时段的分流作用。除此以外，旅游公路电子商务还包括客户咨询问题、网络营销等内容。客户咨询可以解决旅游者的不确定因素，提供便利的信息服务；网络营销解决与旅游者互动的问题，把公路相关的产品信息及时传达给消费者，并培养消费者对其的忠诚关系。

　　公路电子商务由于起步较晚，且发展模式多样，所以没有像铁路电子商务那样有统一的系统架构，各公路交通服务公司都是自己摸索开展电子商务的路径。旅游者出行除了乘坐各种运营的班车，还可以采用自驾车、租车等方式。根据实际旅行的需要，为自驾车提供导航或网上自驾车拼团等，都是新型的电子商务形式，其核心是进一步完善旅游交通的电子商务服务体系。

二、电子商务在高速公路运营中的应用途径

　　电子商务在高速公路运营中的应用指的是在高速公路运营中收取服务费用，如路桥费、服务区服务费、加油维修费等，最常见的是 ETC，即采用感应刷卡消费的模式来进行一次性结账，车辆通过收费站无须停车自动结算。同时，可以将相关的运营平台进行功能的拓展，将原本依赖于银行卡、信用卡系统的缴费系统进行升级，增加如微信支付、余额宝支付等更为灵活的充值（支付）手段，并可以采用预约特价的方式展开一系列电子商务推广。

　　另外，高速公路在运营的过程中通过与其他商业模式联营的方式可以进行一些完善。就人们出行习惯以及出行目的的角度而言，高速公路运营业务范围中可以对意外保险、旅游景点门票、洗车等业务进行拓展。此种业务具有一定的分散性，如果单一地采用自营建设方式需要投入较大资本，而采用电子商务联营的拓展方式能够极大地降低经营成本，并能够从根本上使高速公路业务更具多样性，游客能够享受"出家门—回家门"的一站式消费体验。电子商务不仅提高了高速公路的运营效果，还能够刺激消费者的出行选择依赖。

三、网约车与网络租车

　　网约车是网络预约出租汽车的简称，是在互联网和移动电子商务技术的推动下出现的新的出租用车方式。

　　2016 年 5 月 31 日，教育部、国家语委在京发布《中国语言生活状况报告（2016）》，"网约车"入选十大新词。2016 年 7 月 28 日，为更好地满足社会公众多样化出行需求，促进出租汽车行业和互联网融合发展，规范网络预约出租汽车经营服务行为，保障运营安全和乘客合法权益，《国务院办公厅关于深化改革推进出租汽车行业健康发展的指导意见》和《网络预约出租汽车经营服务管理暂行办法》出台。目前最活跃的网约车公司包括滴滴

出行、神州专车、首汽约车等。

网络租车实际上来自传统租车业务。传统租车流程非常烦琐，自己租车之前得先打电话给门店确认车源、租期、费用等各种细节，到门店后又要完成选车型、签合同、买保险、验车、提车等一系列工作，租车方常常需要一两个小时反复确认沟通才能完成整套流程，很浪费时间和精力，其间还可能出现价格不透明、车辆信息不对称等各种纠纷问题。

随着互联网的普及，传统租车公司开始纷纷选择应用电子商务技术实现租车业务的变革，将互联网与传统租车两种模式彻底打碎了进行重塑，通过"互联网+实体门店"的运营模式，保证租车门店轻松运营、快速盈利，同时实现提升客户体验。

【任务 5-1】

网约车平台用户体验分析

以小组为单位（每组 3~4 人），分析网约车平台在提升用户体验方面采取了哪些措施。

子项目四　了解航运电子商务

【案例与解析】

大连邮轮中心迎来跨境电商风潮

2017 年 1 月 8 日，位于大连港候船厅二楼的风信子跨境商品体验中心开门纳客。消费者在领略机器人陪购服务的同时，还可试吃、试用全部的进口商品，现场还有烹饪教学、儿童游乐、线下商业体验等服务。跨境商品体验中心开启了一种全新的消费模式。

风信子跨境商品体验中心是大连港集团与广东风信子网络有限公司共同打造的大连市首家海港特色纯会员制进口商场。从 2015 年参与建设中国（大连）跨境电商综合试验区，到 2016 年在东北第一个开通"海运直邮"业务，近年来，从产业园区到线下商城，大连港集团已经在跨境电商产业链上进行了全面布局。跨境电商、邮轮旅游，这两个产业完全不同，成长路径却极其相似。在经济转型的背景之下，传统业务面临困境，两个新的消费热点正在崛起。

（资料来源：《辽宁日报》）

[解析]

2016 年，大连港国际豪华邮轮始发了 27 个航次，共输送游客 6.5 万余人次，是 2015 年的 6 000 余人次的近 10 倍。在邮轮始发港的带动下，东北庞大的邮轮旅游市场的大门悄然开启。

2017年，随着辽宁自贸试验区项目获批，各项政策逐步落地，口岸监管、旅游服务业开放等更多体制创新，激发了更多产业的活力。大连港集团介绍，跨境电商将吸引更多具有国际竞争力的电子商务、互联网、旅游、文化、跨境融资等产业项目落户大连。大连港集团未来将通过建设中韩跨境产品展示交易中心，打造具有国内领先水平的跨境电商供应链服务体系，带动大连港物流、贸易、金融全方位发展。

2012年被称为我国航运电子商务元年，中远泛亚航运电子商务、中远集运电子商务、海运订舱网、宁波航运订舱平台、码头网、船讯网等十余家航运电子商务交易平台都在这一年成立。虽然这些航运企业推出的电子商务板块大都集中于订舱和租船项目上，但其运营模式大相径庭，呈现出一番百家争鸣的景象。我国航运电子商务的竞争虽然才刚刚开始，但这可能会成为各口岸城市继吞吐量角逐之后的又一场新排位赛。航运电子商务也可能带来航运市场的新一轮洗牌，在一些电子商务新贵正摩拳擦掌、欲借机进入航运业的同时，传统航运企业也纷纷布局电子商务运营模式，力求在新一轮竞争中先发制人。因此，研究航运电子商务的发展规律和趋势具有重要的现实意义。

目前，航运电商平台多以信息交换为主、实际交易为辅，线上与线下的业务未形成相互促进的良性局面，客户趋向于通过在线上平台了解最新的舱位和价格信息后再回到熟悉的线下渠道进行交易。鉴于此，更加符合航运业实际情况的线上谈判、线下落地的O2O模式将成为航运电商的主流营运模式，如何促成线上与线下的良性互动对航运公司的主动服务意识形成一种考验。除信息交流外，航运电商平台将更多地介入后端交易服务环节，为客户提供更多与原来线下交易不同的体验。如何平衡标准化服务与非标准化服务是未来航运公司发展电商平台面临的一大挑战。

项目六　远方的诗——景区电子商务

教学目标

1. 了解景区电子商务的发展现状；
2. 了解景区信息化建设的基本内容；
3. 了解景区电子商务化的基本工作内容和方法；
4. 理解"互联网+"景区的内涵。

小试牛刀

简述景区电子商务如何提升游客体验。

_____

_____

_____

_____

_____

同课程分段式教学建议

　　本章针对旅游景区的电子商务化改造进行了阐述，教师在授课时可聘请旅游景区管理人士同台讲解，用互动的方式教学，特别建议组织学生到企业实地参观、实地交流以巩固教学效果。

景区电子商务

导入案例

西湖游览网

西湖傍杭州而盛，杭州因西湖而名。以西湖为中心的西湖景区，是国务院首批公布的国家重点风景名胜区，是全国首批十大文明风景旅游区。特别地，西湖是开放景区，参观游览不购买门票，成为中国旅游业摆脱"门票经济"依赖的典型代表，而这样一个不靠门票收入的旅游大 IP，在景区电子商务方面也走在行业的前列。

西湖游览网创立于 2011 年，是中国领先的新型 B2C 旅游电子商务网站，杭州最大的自助游产品预订及资讯服务平台。西湖游览网成立之初就以自助游服务定位，经过数年发展，形成了以打折门票、自由行、特色酒店为核心，同时兼顾跟团游的巴士自由行等网络旅游业务，为游客出行提供一站式的便利服务。同时，网站致力于将传统旅游线下运营和网络营销有机结合，为旅游企业提供精准网络营销，包括搭建在线电子商务平台、产品分销、网络营销策划、活动策划、网络媒体投放等整合营销服务。秉承"诚信、激情、创新、多赢"的企业理念，西湖游览网鼎力支持旅游企业全面提升电子商务应用水平和网络营销应用能力。西湖游览网建设是打造"智慧旅游"的第一步，网站可为游客提供吃、住、行、游、购、娱一站式的服务，具有全面、权威、便捷、优惠等特点。

西湖游览网目前共有多个频道，其中包括门票预订、住宿预订、餐饮预订、自助游等频道。

门票预订。西湖游览网集合了杭州西湖及周边最优惠的景点门票，网站的销售记录不断刷新，在游客中形成强大的品牌效应。

住宿预订。西湖游览网上推荐的酒店拥有西湖附近最舒适、最优美的住宿环境，游客可以在平台上任意挑选。

餐饮预订。西湖游览网上推荐的餐厅有杭州最知名的百年老店和新派餐厅，而且网站上每周都有不同的主题活动和优惠信息。

自助游。西湖游览网精心挑选了最受欢迎自助游线路，并为游客推选了杭州休闲娱乐的最佳去处。

[分析]

西湖游览网作为西湖景区官方旅游电子商务平台，是"智慧西湖"的重点工程，随着配套设施的建设和推广，西湖游览网的受众面、知名度和发展空间都将上升，实现政府、加盟商家、西湖游览网三方共赢的良好局面。它在突破景区门票经济怪圈，拓展景区经营格局，特别是对建设"互联网+"景区方面有很好的启示作用。

景区电子商务是旅游电子商务的重要组成部分，是电子商务在景区管理中的应用，其本质是以景区为核心，通过先进的信息技术手段改进景区的内部管理，对外（包括旅游者和其他旅游企业）进行信息交换、网上贸易等电子商务活动。

景区电子商务一方面可以对内整合旅游产品、旅游服务等资源，提高资源管理能力；另一方面可以增强景区对外的宣传和销售能力，承担景区主要的网络营销职能。景区电子商务项目组通过不断的努力，将景区周边的旅游资源进行整合，搭建区域性的旅游资源整合运营平台。不仅有利于景区的发展，也有利于带动区域经济的发展。随着旅游市场的不断扩大，景区电子商务将迎来新的发展阶段，让游客可以凭借一根网线，一部手机轻松寻到远方的诗。

子项目一　了解景区的电子商务发展

【案例与解析】

横店影视城搭上"电子商务快车"

扫一扫二维码，输入验证号，游客通过手机，就能轻松进入横店各大景区游玩。随着电子商务的普及和运用，越来越多的游客来到横店旅游。据统计，2023 年，横店影视城接待游客数量达到了 1 980 万人次。

登录横店影视城官网首页（图 6-1），点击旅游预订，选择门票预订，填上浏览日期、订票人数、选择景点，点击立刻预订，就可以完成门票预订。"在官网上订票，不超过一分钟，"横店影视城营销分公司副总经理张伟说，"网上订票方便、快捷，越来越受到游客的喜欢。"除官网外，横店影视城与淘宝天猫旗舰店、携程网、艺龙网、同程网等第三方平台开展了合作，极大地推动了网络售票的覆盖率。

图 6-1　横店影视城官网首页

从横店影视城内部人员看来，网络带来的效益是显而易见的。目前电子商务销售份额占横店影视城总销售的份额比例正在逐年上升。

自 2009 年试水网络营销以来，横店影视城建立了以官网、社区、手机 App，以及微博、微信等新兴社交媒体为中心的自媒体网络平台。截至 2024 年年底，横店官方微博的粉丝总数已达到 1 125 万。

快速推进旅游电子商务的横店影视城开辟了官网在线预订、分销代理和自营淘宝旗舰店三大销售渠道，在线预订与局域网售检票系统实现了无缝对接。

[解析]

开展旅游电子商务，横店影视城具有两大优势。第一，产品资源丰富，涵盖景区、酒店、交通、影视、商贸等，产品创新和整合的空间非常大。第二，凭借横店影视城固有的知名度，传统的市场渠道已经比较成熟，为网络推广打下了基础；横店影视城将完成构建旅游电子商务营销平台的目标，将官网打造成横店影视城品牌文化创意输出的传播平台，而打造国内一流的旅游电子商务平台最终目标也会在不久的将来实现。

推进全域旅游是我国新阶段的旅游发展战略，是一场具有深远意义的变革。全域旅游是指在一定区域内，以旅游业为优势产业，通过对区域内经济社会资源尤其是旅游资源、相关产业、生态环境、公共服务、体制机制、政策法规、文明素质等进行全方位、系统化的优化提升。全域旅游是实现区域资源化有机整合、产业融合发展、社会共建共享，以旅游业带动和促进经济社会协调发展的一种新的区域协调发展理念和模式。

此前，旅游景区（tourist attraction）通常被认为是旅游业的核心要素，是旅游产品的主体成分，是旅游产业链中的中心环节，是吸引旅游消费的中心，是旅游产业面的辐射中心。旅游景区一般有统一的经营管理机构和明确的地域范围，包括风景区、文博院馆、寺庙观堂、旅游度假区、自然保护区、主题公园、森林公园、地质公园、游乐园、动物园、植物园及工业、农业、经贸、科教、军事、体育、文化艺术、学习等场所。

全域旅游时代重点变革之一就是旅游景区从单一景点景区建设和管理到综合目的地统筹发展转变。首先，破除景点景区内外的体制壁垒和管理围墙，实行多规合一，实行公共服务一体化，旅游监管全覆盖，实现产品营销与目的地推广的有效结合。旅游基础设施和公共服务建设从景点景区拓展到全域。其次，门票经济向产业经济转变。实行分类改革，公益性景区要实行低价或免费开放，市场性投资开发的景点景区门票价格也要限高，要遏制景点景区门票价格上涨过快的势头，打击乱涨价和价格欺诈行为，从旅游景区过度依赖门票收入的阶段走出来。

首先，在全域旅游时代，景区的地位正在发生着变化，散客自由行越来越多，导致依赖旅行社生存的景区面临前所未有的危机。

其次，景区数量和质量的发展变化。旅游业的高速发展加快了近几年景区建设的速度，各地景区几乎都进行了新建和扩建改造，整体服务水平在提高。同时，这些也加剧了景区的竞争。

最后，也是最根本的原因，旅游者对景区游览需求的变化，时代对景区的发展提出更高、更新的要求。如何让景区在全域旅游时代再创辉煌，找到更合适的位置？电子商务化改造是其重要的途径之一。

景区电子商务的作用主要有：

第一，促进旅游资源整合，实现景区规模效益。

景区的发展会促进大量相关旅游企业的发展，如酒店、旅行社、旅游交通等。这些企业普遍存在规模较小、各自为政的现象，最终导致景区服务质量低、市场竞争无序等状况。景区要想健康有序发展，必须使旅游产业实力得到整体提升。开展旅游电子商务，可有效解决旅游信息不对称的问题，提升市场透明度，整合旅游资源，树立旅游产业服务品牌，最终实现产业链的整合和优化。

第二，降低景区运营成本，提高运营效率。

在交通通信方面，景区为拓展业务，可以整合相关产业企业联合发展，业务人员必须与各地业务相关者保持密切联系，互联网通信的发展缩减了景区相关开支；在搜集与传播信息方面，景区需要搜集各类信息，如旅游者需求动向、其他旅游企业情况、旅游热点问题等，同时也需要将景区信息传播出去，如服务信息、营销项目等，促进景区市场交易效率的提高。

第三，满足个性化需求，提高旅游自由度。

游客在景区进行传统旅游活动时，往往会因为跟团旅游中的导游服务质量差、游客行为受到约束等问题而对景区的印象大打折扣。当前个性化的旅游消费正逐步替代传统的团队旅游，景区电子商务可以为散客提供景区预览和决策参考信息。游客可以通过互联网提供的可视的、可查询、可实时更新的信息搜寻自己需要的服务，景区在与潜在游客交流沟通的基础上，根据旅游者个人偏好和要求设计旅游产品，为其提供个性化的旅游方案，使旅游者获得更大程度的满足，也为企业赢得了更多的利润空间。

一、景区电子商务的发展概况

早在20世纪90年代中后期，欧美诸多旅游发达国家就已经开始利用互联网在景区的营销与分销方面为游客提供更为便捷的服务，进而实现旅游产品上游供应商、游客和电子商务运营商的共赢。美国在1996年就开始在景区实施电子商务，并且在1998年美国景区的电子商务得到快速发展。

在国内，景区电子商务的发展与早期的数字景区建设密不可分。中华人民共和国建设部（以下简称"建设部"，2008年改组为中华人民共和国住房和城乡建设部）从2003年开始启动国家重点风景名胜区的数字化建设，并将黄山风景区和九寨沟风景区作为试点，从此国内风景名胜区数字景区建设的序幕全面拉开。2005 年，建设部在对两个示范景区进行一期工程验收后，在九寨沟景区现场召开了"数字化景区建设工作会议"，同时部署了数字化景区建设试点推广的工作，先后公布了另外 22 家数字化景区试点单位。这 24 家试点景区的数字景区建设工作进展迅速，取得了不同程度的建设成果，如"数字九寨""数字黄山""数字武夷""数字武陵""数字庐山""数字泰山""数字云台""数字峨眉""数字石林"等数字景区不断涌现。这些数字景区都是通过信息技术系统开展管理的。通过遥感技术动态监测景区的变化，并利用地理信息系统的空间分析功能将景区的实时遥感影像与规划资料或历史影像进行对比分析，实现对景区规划实施情况以及资源与环境的保护状况进行定期与不定期的动态监测。

在数字景区建设过程中，景区的环境资源管理是电子化管理建设的重点，这一工作为数字景区建设奠定了重要的基础。

另一种数字景区建设以服务管理为重点，建设内容主要为：以大屏幕、触摸屏等多种技术手段为载体，以多媒体和虚拟现实等多种手段为表现形式的旅游资讯服务；基于视频监控和 GPS 技术的游客安全监控和指挥调度；旅游目的地资源营销服务等。

这些工作为景区从内部管理到对外提供旅游服务，探索和实践了基于数字化技术的发展新模式。虽然我国的数字景区的建设取得了一定的成果，但其中还存在一些问题，尤其是在对游客提供电子化服务方面，存在着数字旅游服务平台综合程度小、缺乏网上预订与支付等电子商务服务手段，但随着"互联网+"时代的到来，互联网技术越发成熟，景区电子商务的发展日益成熟。

景区作为旅游市场这个大系统的重要单元，它与整个市场系统必须保持密切的输入、输出关系，需要进行大量的资金、服务、信息等的交换。景区电子商务应用是通过旅游市场这一媒介而发挥作用的。

二、景区电子商务发展模式

按照电子商务的模式划分，景区电子商务一般分为以下几种：

（一）B2B（business to business）交易模式

具体来讲，这种运行模式又表现为以下四种情况：

（1）旅游企业之间实施旅游产品代理，分为特定企业间电子商务和非特定企业间电子商务两种形式。特定企业间电子商务的主体是过去或未来持有合作伙伴关系的企业，为了实现互利共赢，根据市场需求共同设计、研发、管理信息网络的一种发展模式。例如，航空公司的服务器与机票代理商的服务器，两者通常实时链接，当航空公司调整机票价格时，代理商数据库中也会立即显示出来。非特定企业间的电子商务，是基于互联网开放性、交互性的特点，不断寻求战略伙伴的一种发展模式。目前很多景区门户网站都具有查询其他旅游企业报价、提供交易链接的功能，为客户自主选择提供更加开放的空间。

（2）旅行社之间相互拼团。同一条旅行线路，通常有多家旅行社经营代理，而且出团时间大多比较接近。根据这一特点，当市场客源较少时，在征得客户同意的情况下，几家旅行社可以将客源合并，重新组成一个新的旅行团，并交由其中一家旅行社统一管理。通过这种资源整合以实现规模合作的方式，可以有效降低企业运行成本。

（3）景区当地接待批量订购当地旅游饭店客房、景区门票。

（4）客源地旅行社与景区接待社之间的委托、支付关系等。

（二） B2E （business to enterprise） 交易模式

B2E 交易模式中的 E，专指与旅游企业有长期业务关系，或享受旅游企业各项商旅管理服务的大型企业、机关、单位。大型企业和机关单位需要处理大量的公务出差、组织员工旅游等事项，与专业旅行社合作，由旅行社根据其出行情况，协助其制订合理的出行方案。还有一些企业则与机票代理商、酒店等企业保持稳定的业务关系，从而享受优惠价格。B2E 交易模式现行的应用系统是企业商务旅行管理系统（travel management system，TMS）。该系统具有统计报表功能，客户端的管理者可以使用 TMS 生成详细的出差费用报告，并利用软件进行相应的财务分析，从而控制成本、优化预算，实现财务目标管理，提升企业科学化管理水平。

（三） B2C （business to customer） 交易模式

旅游业是一个客源地域高度分散的行业，B2C 交易模式是指直接面向零散客户，为客源地的游客提供查询、预订等便捷服务，从而克服远程固有的信息不对称性的问题的一种交易模式。目前，通过旅游电子商务门户网站购票、订房，已经成为 B2C 的典型形式。B2C 交易还包括向游客销售旅游产品，提供中介服务等。

（四） 第三方电子商务模式

该模式不由旅游资源拥有者的景区搭建，而是由第三方建立运营在线交易网站，主要代表有驴妈妈、去哪儿网等。通过平台的营销宣传，扩大景区的知名度，获得市场的认可。平台利用自身的影响力为景区开展各种电子商务活动，这种模式有效地实现了资源优化，平台运营商和客户可以获得相对优惠的价格政策。一般来讲，平台商为了获得更大的流量和提高市场占有率会将这种优惠直接向通过平台预定产品的游客兑现。对于中小景区来说，它们无须投入大量的资金建设电子商务系统，只需依托这些平台就能完成其产品的在线销售，为景区带来大批中高端自助游客。第三方电子商务平台改进了传统景区的服务方式，加快了景区电子商务的发展。

（五） 政府旅游服务网站模式

这种模式主要是指地方旅游行政管理部门建立的旅游网站。这类网站比较多，几乎每个省份都有，这类网站是作为地方主要的旅游网络宣传窗口，比如四川旅游咨询网（www.tsichuan.com）、山东旅游网（www.sdta.cn）等。这一模式以政府为主导，信息量比较大，信息的可信度高。但是这种模式市场化程度低，电子商务效果相对较差。

子项目二　掌握景区信息化与电子商务化

【案例与解析】

上海欢乐谷无缝对接景区信息化与电子商务

作为中国最大的主题公园之一，上海欢乐谷位于上海松江区佘山国家旅游度假区核心区域，以"动感、时尚、欢乐、梦幻"的特点著称。上海欢乐谷自启动"立体票务工程"后，其网络预订业务就选择了与驴妈妈旅游网进行合作。游客可以用微信公众号、上驴妈妈旅游网轻松了解景区情况。有出游想法的游客可以用手机在网上订票和完成支付，并凭手机二维码电子票入园快速完成景区检票。在节假日、黄金周游客高峰时期，这大大减少了游客的等待时间，也大大提升了景区服务水平。

这一切也得益于景区良好的信息化建设和管理。景区很早就开展了信息化建设工程：景点的游玩交通指南、景点的详细解说、景区配套休闲娱乐设施、卫生安全等信息都已完善。游客在现场也不再需要景区人工向导的帮助，只需要对着上海欢乐谷景区的路标路牌二维码，拿出手机一扫，就可以知道服务站点的准确位置以及服务类别。这不仅仅方便了游客，同时也节省了景区整体运营成本，提升了游客整体游玩体验。这些"二维码用户"，今后也将成为景区及旅游电子商务企业长期的目标客户。

[解析]

随着国际旅游业的不断发展，我国旅游电子商务技术也在不断走向成熟。在景区信息化技术日益完善的支撑下，旅游电子商务的服务内容不断扩大，功能不断增加。旅游电子商务通过资源整合与技术发展，趋于专业化、特色化和个性化。

景区实施管理信息化的最终目的是提高经营管理水平，通过平台管理增强景区管理的科学性。景区管理信息化的最终发展阶段并非单个景区的数字化改造，而是整个旅游系统乃至整个社会的数字化控制及管理。为此，景区管理信息化建设应该从长远发展考虑来进行建设。在构建平台时，要强调基础数据的标准化和应用界面的可升级性。景区管理信息化管理要以信息技术为基础对景区的管理实施全面系统改造，因为这是景区电子商务的重要基础。

构建景区电子商务平台，加快"数字化景区"建设，可以提升景区的互联网形象，同时也为规范管理提供了依托，景区通过节约经营成本，加强对导游和财务的管理，减少经营风险。电子商务平台能够让国内外游客更加全面地认识景区，吸引更多的游客来景区观光旅游度假，吸引高端的游客来景区消费。

一、景区信息化

根据景区信息化发展水平，我们将国内景区大体分为三种类型，即初级信息化景区、数字景区和智慧景区。

1. 初级信息化景区

目前我国大部分中小景区正处于信息化建设的初始阶段，属于初级信息化景区。初级信息化景区主要依托计算机、局域网、多媒体和互联网技术初步建立办公自动化系统和景区门户网站。但资金短缺导致信息化程度低，基础设施和配套设备落后，已建成的系统后期维护能力差，景区软实力建设长期滞后。

2. 数字景区

数字景区有两层含义：一是指景区数字化，将现代信息技术引入景区工作中，利用信息化技术来管理景区，景区既有的工作模式也因之而有所改变和发展；二是指综合运用 3S 技术、多媒体技术、大规模存储技术以及虚拟仿真技术等实现对景区的基础设施、功能机制进行自动采集和动态监测管理，并为景区规划和建设提供辅助决策服务，借助网络或其他信息传播途径对大众进行传播和宣传。大多数学者对后一种含义认同度更高，认为数字景区是在信息时代以数字技术对景区功能的强化再现、延伸和扩展。

3. 智慧景区

智慧景区信息化建设，是基于数字景区建设成果，通过物联网、传感网和空间信息技术等最新技术的集成，实现对景区基础设施、资源环境、游客活动、灾害风险等方面更全面、及时地感知和精细化管理。

目前，我国数字景区主要集中于规模大、实力强的国家级或省级风景名胜区、自然保护区等。但由于我国智慧景区建设起步较晚，还存在系统间集成程度不高、业务目标体系不清晰、电子商务平台不完善、管理智能化水平不高和景区文化传播不到位等问题。

二、景区电子商务工作

景区在信息化基础上，开展不同方式的电子商务，其基本工作平台无论采用什么模式，主要工作都可以分成三个部分：网络营销、产品的网络展示和预订及后台管理和设置。

景区的网络营销是景区电子商务实现的前提之一。目前景区的网络营销往往采用互联网全体系的营销模式，即不是单纯依靠某一个平台或者自己的官方网站进行营销，而是以自己的官方网站、移动端网站为核心，以搜索引擎营销、全媒体营销、社交营销等多种新型营销方式配合的全面营销。在多种网络营销配合下的电子商务工作才有了良好的基础和条件。

景区使用的电子商务平台可以是自己的官方网站和商城、移动网站和商城、第三方平台提供的产品销售模块或者店铺，也可以是社交平台提供的工具。这些平台主要承担的是企业和产品的网络营销、产品网上预订、产品管理分析和结算任务，客户对象主要是独立游客和旅行社。

一般而言，景区电子商务平台主要实现以下两类功能：①面向客户功能，包括用户注册、用户信息管理、用户订单管理、景区新闻发布、景区门票预订、酒店预订、旅游线路预订、租车预订等。②平台及服务商管理功能，包括注册客户管理、后台操作用户及权限管理、各类服务商信息及产品管理、各类服务商订单管理、财务账务管理、各类统计分析报表管理等。

景区作为旅游活动的主体，具有资源整合的主动权，从而拓展自己的业务范围。围绕旅游链条将旅游各环节资源（如酒店、旅行社、游客、保险、餐饮、游船、导游等）通过电子商务平台进行快速流转。拥有较大规模和较高知名度的景区，不但具有资源优势，还有市场优势和资金优势，它们将门票、酒店、线路等产品集中到网络平台进行销售预订，扩大了产品的销售渠道，助推景区服务模式向景区"互联网+"的转变。

【任务 6-1】

景区电子商务运营策划

以小组为单位（每组 3~4 人），登录故宫博物院官方网站，了解景区概况及电子商务平台的基本信息，分析当前电子商务运营状况，探索如何进一步提升景区电子商务平台的竞争力与服务质量。

子项目三 理解"互联网+"景区

【案例与解析】

智慧旅游嘉年华

2014 年 9 月 25 日至 26 日，由浙江省旅游信息中心与淳安县人民政府共同主办的智慧旅游嘉年华在千岛湖精彩上演。同期，浙江省智慧旅游工作现场会议顺利召开。趣味新颖的呈现方式，各路"智者"的集结，浙江智慧旅游再次以其"不走寻常路"的方式让人大开眼界。

华灯初上，偌大的千岛湖秀水广场人流如织，2 万平方米的展区布置得满满当当。百家参展单位亮相，可谓整合了各类信息技术、智能终端和人文创意。

整个场地分为舞台表演区、图片游园区、互动体验区、智能销售区、移之客巴士区、千岛湖美食区、欢乐旅行区、智慧千岛湖区、旅游装备九大片区，全场都有无线Wi-Fi覆盖。有好玩的设备、丰富的表演、多元的互动，再配上灯光、音乐、美食，很有感染力。

据主办方介绍，嘉年华是国人对英语"狂欢节"的音译，快乐、动感、热情，是其不可或缺的关键词。现在人们谈到智慧旅游，大都还停留在信息技术层面，其实智慧旅游产品是为人服务的，离不开大众的尝试、体验，其目的也是要让大家更快乐、更愉悦地享受旅游。所以，主办方一改传统办展方式，通过嘉年华，寓宣传于娱乐、寓营销于体验、寓推广于互动，让大家体验便捷又有品质，好玩又安全的旅游方式。

用科技手段享受美景，让游客如身临其境地看美景。改变图片、视频等传统、单一的推介方式，如通过"微信游园"与游客互动，改变原先单向的信息传播方式，为静态的图片展示赋予新活力，从而激发口碑传播、二次传播、全民传播。通过手机支付、线下物流的形式，提供便捷的O2O电商服务，使旅游购物不再"不堪重负"。轻轻松松逛嘉年华，扫码付、当面付，一个手机就能解决。

各类设备的体验，是本次嘉年华绝对不可错过的亮点。现场集中展示了一批信息技术应用于旅游业的最新产品。千岛湖华数提供了1 000兆宽带的网络冲浪；宝润新能源提供了特斯拉新能源汽车，海赛智能展示了代步车，引领起低碳出游风潮；谷歌眼镜、乐游际的飞越中便携式5D电影、酷甩体验、定制明信片、体感游戏等，借数字技术之力，让现实和虚拟空间之间的界限变得模糊，游客可以现场体验异国风情、旅行乐趣，甚至是另一种生活方式。

体验之余，主办方还在亮彩色的大巴车上还提供了移动Wi-Fi、智能手机、智能手环、空气净化器、PM2.5测试机、血压、血糖自测机等小巧实用的科技产品，供大家体验、购买。智能销售区也是人头攒动，游客都只需掏出手机，指尖一动，扫码付款即可拿到你心仪的商品。另外，游客购买千岛湖土特产、纪念品，以及现场制作的美食和工艺品等，还能实现同城物流。

设备，是嘉年华的亮点；互动，则是嘉年华的灵魂。本次嘉年华，台上台下、线上线下、场内场外的互动，无处不在。

微信游园活动可谓开创O2O旅游宣传营销的新方式。扫二维码关注"浙江旅游"服务号，点击菜单中的"惹火浙江"，进入游戏页面，每完成一项任务，就会点亮一颗火种。主办方还在现场开辟了一方千岛湖旅游图片展区，这些照片中暗藏玄机，游客通过线上游园闯关，并将现场盛况发至朋友圈或发送给好友，就可以获得丰厚的奖品。线上领任务，现场去体验，线上再分享，这种创新的互动方式，有效提升了活动的参与度，拓展了嘉年华的广度与深度，让更多没能来到现场的人，跟着微信一起，看尽嘉年华。

在舞台表演区，微信有奖互动、环湖虚拟骑行比赛、舞蹈和民俗文化演艺开展得热热闹闹。"浙江旅游火火火"小苹果歌舞、"三分钟看懂浙江"宣传视频更是爆笑全场。

此外，智慧千岛湖区集中展示了千岛湖智慧旅游建设成果；欢乐旅行区、旅游装备区里也有不少旅游企业设展，他们现场提供旅游线路咨询、产品展销等服务。浙江还会大力开展旅游网络营销，广拓渠道，创新传播，提升网络宣传营销水平，并依托阿里巴巴、飞猪旅行等电商平台的优势，建立旅游电子商务生态链，扶持旅游商务平台，培育旅游电子商务人才队伍，将浙江的旅游电子商务提升至新高度。

（资料来源：人民网浙江频道）

[解析]

探索、建设"互联网+"景区，是景区发展旅游电子商务的一个新方向，具体包括在互联网思维框架下的景区品牌宣传、个性化旅游产品开发设计、IP建设和商务扩展等。实现景区与游客的双向互动式交流、景区与其他产业的合作，为景区营销突破时空限制，突破地域限制寻求解决方案。

当前我国大部分景区存在"小、弱、散"的问题，对于中小型景区来讲，它们存在着没有自行建设景区网站的能力或者已经建成的网站访问量较低的问题，很难凸显电子商务的优势。第三方电子商务模式通过强大的旅游搜索引擎和旅游信息库技术可实现专业且个性化的产品组合，信息沟通速度较快、访问量较高，可为景区提供良好的网络整合营销平台。目前，第三方旅游电商模式凭借这些优势得到了快速发展，推动着我国景区实现电子商务化。

因为旅游业以互联网为平台开展电子商务具有天然的优势，在景区电子商务发展初期，景区旅游电子商务网站数量迅速增加，发展较好的景区网站逐步通过品牌化、规模化竞争，逐步站稳脚跟，而那些知名度低、规模较小的网站由于缺乏资源优势无法在竞争中长期立足，被淘汰出局不可避免。在这种形势下，大型景区将会在电子商务领域投入更多资金，增强网站功能，增大业务覆盖面，增加服务内容。

中小型景区除了可以借助第三方中间商外，还可以利用互联网的优势，与同等规模景区展开合作，形成景区联盟，化竞争对手为合作盟友，追求双赢模式下的平均利润，以维持生存与发展。

很长一段时间以来，大多数景区电子商务服务网站的用途只是发布服务信息和宣传产品以展示企业形象。随着旅游电子商务技术发展的不断成熟，景区电子商务的服务内容也逐步得到扩展，特别是在线支付门槛降低以后，景区网站可以比较容易地实现集线路预定、团队组合、网上交易、服务监控、投诉管理于一体一站式管理。在服务范围方面，景区网站利用网络整合资源方面的优势，将更加倾向于推出"小而精"的旅游特色服务，以满足旅游者个性化需求，弥补传统经营模式下旅游企业产品设计更偏向大团队、服务内容陈旧的缺陷。

随着互联网思维与景区电商工作的融合，旅游景区企业电商能力日益提升，并不断地其升级理念和服务。市场对景区电子商务模式的要求也越来越高，这必然会导致新的电子商务模式的诞生，模式的创新程度也会越来越高，我们称这个阶段为升级"互联网+景区"阶段。

对"互联网+景区"的探索一般也是在景区电子商务的基础上开始的。比较典型的案例是 2016 年 4 月 1 日，原来阿里巴巴旗下在线旅游服务平台阿里旅行（现在的飞猪）与三孔景区、三孔旅游服务公司在山东曲阜就"未来景区"达成战略合作协议。双方就三孔景区接入包括信用游、扫码支付、码上游、地图导览等在内的阿里旅行"未来景区"全线产品，以及为在阿里旅行平台购票的用户开辟专门的入园通道等方面达成了合作协议。游客只需携带一部手机，即可实现景区畅游并可以完成景区内所有消费的支付；信用良好（芝麻分超过 600 分）的用户还能享受"信用游"，即先游玩，后付款，入园 12 小时后再统一通过支付宝结算。实际上，阿里旅行与三孔景区的携手，是一次整合双方优势资源，为景区打造兼具智能服务、数据能力、营销平台的一站式立体解决方案的有益尝试。接下来，游客体验到的服务可能是定制化的：哪个时间节点游客量大，是不是可以考虑错峰出行；游览过其他文化旅游目的地的游客或许有到三孔景区感受一下的意愿；也许他需要买一套《论语》作纪念呢……通过阿里旅行的大数据智能分析，"未来景区"将以提高旅游便利化水平和运营效率为目标，以实现旅游服务、体验、营销、管理智慧化为主要途径，完善技术标准，整合信息资源，不断提升旅游智慧化发展水平。

互联网创新赋能传统行业，进而优化消费者的出行体验。依托阿里生态的大数据，通过双方共同搭建的平台和配套合作，三孔景区将逐步实现从线下到线上、从在线预订到景区消费的有效转变，并通过移动终端实现无缝对接，进一步优化提升游客体验与服务，实现线上、线下产品结合与互动，让游客感受到"互联网+景区"的更高境界。作为中华民族积淀多年的文化瑰宝，三孔（孔府、孔庙、孔林）是中国历代纪念孔子、推崇儒学的见证。"互联网+"景区的更高目标是继承和发扬中国传统文化并加以创新，让独特的人文历史价值，带给所有游客一场旅游盛宴和一次灵魂上的启迪，让景区深厚的文化气息熏陶更多游客，成为儒家文化的输出 IP，使景区从旅游资源经营者变身为旅游文化经营者，从而扩大影响、拓展商务领域。

要真正实现"互联网+景区"的建设，光有以上这些还远远不够。例如，景区还应该建立本地商家合作联盟，与周边其他景区合作，推出各种优惠套餐，并打包销售交通大巴和酒店套餐，形成资源联盟，共同提供私人定制旅游产品，等等。

例如，2015 年，宋城演艺收购六间房构建互联网生态圈成效显著。目前宋城演艺和六间房开始了内容、艺人以及用户资源的线上线下协同融合，打造 O2O 娱乐生态圈产业链。宋城演艺将推出真人秀节目，相关互联网微电影也已开机，本末映画更是助力其景区的文化资源沉淀。宋城演艺与携程、同程、驴妈妈、艺龙等 OTA 在营销宣传、产品设计、品牌提升等方面建立了全面战略合作关系。

景区作为旅游行业最基本的运营单元，"互联网+"呈现出多样化的趋势。在产品销售端与互联网深度融合的同时，很多景区也分别在"互联网+景区"运营的和"互联网+景区"资本运作等方面进行实践，借助智慧旅游建设大潮，科技将全面提升旅游体验。

从景区运营层面来看，以物联网技术为基础，景区可以进行智能停车场、实时游客导引等基于互联网的基础服务设施配套。以位置信息服务为基础，提供基于位置的O2O服务，如实时导游、方向导览、门票售卖等方面的服务；以信息数字化为基础，将景区运营和管理的各方面数据信息化，形成景区及景区联盟的大数据库，为未来市场、运营等决策提供大数据支持。

从游客体验层面来看，游客在旅行前能够通过互联网接受大量信息完成旅游决策、产品购买和预订、交通查询等多种行为；在旅行中，游客通过移动互联网随时享受信息查询、产品购买和移动旅游社交等服务；旅行后，游客还可以通过互联网对旅游产品、景区进行评价，生成一系列数据资料，作为未来景区大数据的运营基础。

【任务 6-2】

景点语音播报
为任意一个景点制作一个语音播报二维码。

项目七　华丽转身
——旅行社电子商务化改造

教学目标

1. 掌握旅行社电子商务的基本概念；
2. 了解旅行社电子商务的现状、未来；
3. 了解旅行社电子商务化的基本工作内容和流程；
4. 理解"互联网+旅行社"的内涵。

小试牛刀

分析旅行社电子商务在应对旅游纠纷时与传统旅行社的差异？举例说明。

_____

_____

_____

_____

_____

旅行社电子商务化改造

导入案例

宝中旅游：传统旅行社要做真电商

宝中旅游总部位于深圳，它从地区性旅行社正在向全国性综合旅游集团公司转型发展，其目标是打造中国最大的连锁旅游（集团）服务商之一。宝中旅游以向厦门航空国旅输出管理为契机，于 2009 年 8 月在重庆、四川宝中率先组建运营，迈出了宝中旅游走出深圳，面向全国发展的战略规划步伐。宝中在竞争中主动求变，宝中旅游信息技术中心新开发的系统，"以 B2B、B2C 为基础的 O2O 模式"，是宝中在竞争中主动求变的重大举措。

B2B 是他们的分销系统，C 指的是消费终端，他们的系统是结合消费的。O2O 好理解，既可以是线上到线下，也可以是线下到线上。

宝中目前拥有雅拉旅游网、雅拉旅游 App、宝中旅游微信订阅号等电子商务平台。雅拉旅游网实际上是宝中的大数据库，它拥有 CRM 中心 60 万客户数据。雅拉旅游 App 支持在线预订，宝中微信公众号有 10 多万粉丝，并且实现了个人电脑端、手机移动终端、客户关系管理（CRM）全覆盖，兼备客户关系管理中心与呼叫中心功能，支持线上预订、电话预订、当面预订等多种预订方式。用户可以直接通过微信的微商城转入雅拉旅游 App，限时特卖、酒店、门票、附近门店等内容一览无余，而且可以直接联通96517 服务热线，随时向客服进行电话咨询。

[分析]

为了发挥传统旅行社的优势，对抗 OTA 的竞争，旅行社电子商务化改造就是把电子商务融合到传统的旅行社业务当中，实现产品的生产、销售、预订和结算的电子化的过程。跟团旅游是传统旅游营销的主要盈利方式，当前已经不能满足当代旅游消费者的需要。游客更期待集诚信、自由、快乐的多种特色为一体的旅游模式。通过改造实现信息化，发展服务性、便捷性、优惠性、个性化等特征的旅游电子商务将是传统旅行社发展的必然趋势。

如今的旅游业是高度依赖信息技术的产业，电子商务对于促进旅游产业链的整合具有重要意义。作为传统的旅游中介企业，其与新型中介 OTA 虽然有很大差别，但从其服务本质上看，它们都是在寻找这种服务的整合途径，旅行社业务与电子商务的结合，代表着传统旅行社行业紧跟时代，自身重新定位的一个主要方向，它将有效地扩大旅游产品的供给，改变旅行社传统的运作方式，建立旅行社的互联网时代新商务模式。

子项目一　了解电子商务给旅行社行业带来的冲击

【案例与解析】

中青旅的互联网化之路

中青旅（CYTS）是中青旅控股股份有限公司的简称，于 1997 年 11 月 26 日成立，是以中国共青团中央直属企业中国青旅集团公司为主发起人，通过募集方式设立的股份有限公司。中青旅的遨游网最早成立于 2005 年，是中青旅和美国集团公司胜腾合作建立的。当时掌握着大部分股份的胜腾也延续着自己一贯的思路，就是将遨游网的经营范围设置为覆盖机票、酒店、度假等几乎所有旅行产品，多线并进的运营模式，有点类似于现在携程的经营模式。

结果显而易见，由于产品定位不够清晰，对于中国市场又不够了解，胜腾公司很快就打起了退堂鼓，把遨游网的股份转给了黑石。另一方面，中青旅厌烦了这种资本运营的游戏，最终在 2007 年把遨游网所有的股份收回。

而 2007 年正好赶上国内自由行爆发式增长，中青旅看中了自由行和网站用户群在年龄层次以及消费理念上的切合，中青旅直接把刚刚收回的遨游网划变成了自由行部门下的一个网络营销部门，承担网络营销和推广的职责。

一直到 2010 年 10 月，遨游网才作为一个独立的事业部，开始正式运营。遨游网首席运营官廖伟勇回忆道："那时候中青旅才决定以事业部、大部门的机制去运维遨游网，并且把遨游网定位成一个互联网的平台，而不单纯是中青旅的渠道。"

[解析]

在线旅游业发展到今天，互联网企业已经将这个行业"变着法"地玩出了各种花样，曾经有去哪儿网的垂直搜索模式，有马蜂窝一类的资讯模式，有携程为代表的在线旅行社模式，还有飞猪的平台模式。传统旅行社在遭受了极大打击后开始转型。从中青旅的遨游网的发展历程中，我们可以清晰地看到以旅游电子商务为核心的在线旅游行业对传统旅行社带来的经营模式、管理理念、业务流程等各个方面的改变。

从根本上来说，旅行社是一种中介机构。作为中间服务商，其主要职能就是提供资讯服务、票务服务，设计和推销旅游产品。但网络使旅行社原有的业务均可在网上进行，新兴的旅游电子商务网站使传统的旅游业面临信息革命带来的挑战，原有的市场份额在慢慢被以 OTA 为代表的在线旅游企业蚕食，越来越多的旅游产品供应商在网上建立自己的主页，尝试网上促销和产品直销。饭店预订、航空服务、汽车租赁、旅游线路等旅游产品大量在网上销售，其中机票业务占交易额的绝大部分（80%）以上。此外，订房交易额的增长也非常迅速，使得作为传统旅游交易中介的旅行社企业面临生存空间变小的危机。

第一，网络营销渠道的建立将直接导致传统旅行社销售渠道价值链的颠覆；

（1）旅行社销售渠道是指旅行社通过各种直接或间接的方式，将旅游产品转移到最终消费者手中的整个流通结构，又称销售分配系统。具体地说，分销渠道中的成员（作为中介的旅行社）具有生产、销售或代理销售、组织协调、分配、提供信息等主要功能。

（2）网络营销渠道是信息发布的渠道。企业的概况和产品的种类、质量、价格等，都可以通过这一渠道通知用户；网络营销渠道是销售产品、提供服务的快捷途径。用户可以从网上直接挑选和购买自己需要的商品，并通过网络支付款项；网络营销渠道是企业间洽谈义务、开展商务活动的场所，也是进行客户技术培训和售后服务的理想园地。

（3）网络营销渠道基本上包括了传统销售渠道的所有主要功能，同时，网络营销渠道减少了流通环节，不仅节省了中间商的佣金，从而降低流通成本，使企业有可能以较低价格向公众出售其旅游产品，还加强了旅游产品生产者对其产品的控制力，充分体现了旅游电子商务的优势。

第二，旅游电子商务的出现，削弱了传统旅行社的基本职能；

旅行社这类企业存在和发展的原因，根本在于它们创造一种新的信息传递方式和资源组合方式，这种方式的组合形成了在这一领域的、有效率的经济组织。但旅游电子化商务网站的出现，改变了这个商业平衡关系。

（1）弱化了旅行社生产、代理销售的职能旅行社的生产职能（也可以称为组装职能）。

这是指旅行社以低于市场的价格向饭店、旅游交通和其他相关部门批量购买旅游者所需的各种服务项目，然后进行组装加工，并融入旅行社自身的服务内容，从而形成具有特色的旅游产品的功能。旅行社成为旅游产品的代理商，通过推销旅游产品，获得佣金。旅游电子商务的出现，使旅行社的代理职能受到削弱。

（2）弱化了旅行社提供信息职能。

从某种角度来讲，旅行社也可以被认为是信息产业，这是由旅行社的行业特点来决定的。旅行社涉及食、住、行、游、购、娱六大要素，同时，"旅游跨国、跨地区的，旅游管理对信息共享要求高"，所以，信息资源是旅行社经营的要素之一，在资产组成中占很大比重。而在线"网络旅游公司"本身就是一个信息系统，饭店、旅游景点、旅游交通部门和其他旅游企业可以通过国际互联网将自己产品信息直接刊登在自己的主页（homepage）和网站（webside）上。这些主页或网站信息高度集中，操作方便快捷，潜在旅游者只需进入感兴趣的站点，就可以得到有关信息，不必受到旅行社产品组合的限制。

（3）旅游电子商务使个性化旅游成为可能。

网络营销作为旅游电子商务的新的销售渠道，它具有跨时空、交互及整合性的特点，使个性化旅游成为可能。网络旅游通过网站上的社区，及时搜集不同旅游者的需求信息，获取生产者的销售反馈信息。旅游电子商务的 B2C、B2B、C2C 模式加强了生产者与生产者、消费者与消费者之间的联系，使自助线路、自助出游完全成为现实。

一、电子商务对旅行社的影响

电子商务对旅行社的产品造成冲击，这种情况进一步要求旅行社对资源的配置和组合更加合理。随着对个性化旅游的强烈渴望，人们不再满足于被动地接受旅行社提供的产品，传统的旅行社不可能提供每种个性市场所需要的产品。而互联网则解决了这一问题，它不仅可以让旅游者根据自我需要设计路线，而且能将网上的自助线路变为现实。这对传统旅行社的产品无疑是一个巨大的冲击。

第一，电子商务对旅行社传统销售渠道和手段造成冲击。旅行社最重要的职能就是代理职能，收集旅游企业产品信息向旅游者发布，旅游者通过旅行社向旅游企业购买所需的各种服务项目。然而电子商务的出现，使旅游企业和旅游者可以直接在网上交流。旅行社传统的销售渠道和手段受到严重威胁。

第二，电子商务对旅行社的内部构造造成冲击。既然电子商务会给旅行社在销售渠道、业务网络上带来深刻而巨大的变革，那么其原有的内部结构业务也已经不再适应新形势的要求。旅行社内部结构也要与网络经济保持一致。

第三，电子商务对旅行社的定价权造成冲击。由于旅游企业可以直接在网上与游客交流，旅行社代理票务的收入将会随着旅游预订系统和银行付款系统的完善和推广而下降。旅行社的定价权遭到冲击在所难免。

传统旅行社把信息技术巧妙地运用到自己的生产的各个环节，运用好并实现商务上的突破就是旅游电子商务化。为顾客提供线上、线下的立体服务，其实既是传统旅行社的改造目标，也是纯旅游电商企业的目标，只不过一个是从线下扩展到线上，另一个是从线上扩展到线下，他们都在为此而努力。传统旅行社在电子商务方面的大动作，如宝中旅游创新地以 B2B2C 为基础的 O2O 模式，携程旅行网在北京开了自己的首家体验店。这些都被看作旅游电商在度假产品及落地行动方面的发力。如今，把传统旅行社与旅游电商分割成两个完全不同的阵营已经不那么合适了。

二、旅行社实现电子商务化的障碍与突破

作为被 OTA 冲击的旅游企业类型，传统旅行社先天的互联网基因不足，及其较强的固有经营模式惯性，给它自身的电子商务化改造带来了很多障碍。作为中华人民共和

国文化和旅游部评定的国内旅游百强三甲之一，上海众信旅行社的发展历程深具中国特色。上海众信旅行社的网络化经营引人关注，它将传统旅行社业务和现代销售方法紧密结合，使用网络信息手段统筹全国分社的运行，并实现了个性化服务和规范化经营的良好结合。

20 世纪 90 年代以来，散客旅游市场的快速发展是世界旅游的发展趋势。在我国，随着经济的发展和改革的深入，公费旅游大量减少，团体旅游呈现下降趋势，而散客出游则崛起。对于任何一家经营国内旅游业务的旅行社来说，散客市场都是它们不可忽视的重要市场，也是极有发展潜力的市场。鉴于此，上海春秋国际旅行社和上海众信国际旅行社把它们发展的目标定位在散客市场，重点经营散客成团的自费、长线、豪华、飞机旅游。

上海众信旅行社在 2001 年开始涉足电子商务。当时为解决全国分社的散客运作，降低营运成本和提高工作效率，上海众信旅行社建立了在全国较有影响的电脑实时预订系统。该系统在内部运作中很快显示出了准确、迅速、方便的操作优势，从而不断吸引代理商的加盟。上海众信旅行社已在全国建有 22 个直属分社，拥有网络代理 500 多家。网络代理商的发展也使上海众信旅行社总社逐步迈入旅游批发商的行列。众信总社注重用新型的规模化的旅游产品吸引代理商的视线。例如，通过旅游包机合作降低成本，仅 2002 年上海众信旅行社就联合上海春秋国际旅行社购买十多条航线的旅游包机 2 500 个航次，运送游客人次近 10 万。

上海众信旅行社的电子商务实践主要有以下几个方面。

1. 基于优势产品，开展互联网营销

在传统旅游企业建立旅游网站时，应将企业的优势产品作为网上营销的重点产品。目前旅游网为何大都只做商务订房、订票，一是因为机票和客房都是比较标准化的产品，方便网络销售，二是因为旅游网站力图避开电子商务网上支付和物流配送两大短板。

2. 基于规模优势，销售全包整合产品

然而作为批量化经营的旅行社电子商务业务，必须采取差异化策略。单纯经营商务订房订票的网站，吸引的大多是散客，而且数量有限，而且它们还将面对宾馆和民航自行建网直销的竞争，无法保证自己业务的稳定性，也无法保障产品营销的盈利优势。上海众信旅行社认为，旅游网要进入商务领域并做大、做强，一律采用避开旅游线路产品的做法是不明智的。经营包机、包船、包列车的食、住、行、游全包产品远比单项服务的价格优势大，这得益于旅行商规模运作。批量定制生产，将资源合理整合后又能产生新的利润空间。

但它在向互联网转身的过程中，仍然会遇到困难：

一是技术上的欠缺。随着互联网对旅游行业的影响逐渐加大，中青旅开始重视技术研发。相较于互联网企业来说，中青旅在技术上稍显不足。初期要逐步改变人员结构，扩大技术团队，整合资源系统，优化用户体验。

二是内部的磨合和渠道的协同。一方面，传统商家在线下也有很多门店，所以用户既可以在线下门店购买产品，也可以在线上购买产品，商家需要花费大量的精力把互联网和遍布全国各地的网点整合起来。另一方面，毕竟旅行社已经用传统的思维做了几十年的旅游，相当一部分门店或管理人员很难在短时间内将思维转变过来。比如，早些时候，旅游行程都是以 WORD 形式打在一张纸上，由销售人员提供给用户。但在互联网销售模式下这种做法是完全不合适的，因为互联网需要标准化的产品体系。举例来说，就是让用户进入遨游网的网站看到价格是公开的、信息是准确的、产品是可直接购买的一个体系，而不需要销售人员一对一地做销售。

从这些问题中我们可以看到，传统旅行社要实现电子商务化，无论对于做产品的理念、产品包装的思路和做营销的思路，都是需要彻底转变的。互联网绝不简简单单是一个渠道。对于传统旅行社，互联网承载着很多不一样的东西，主要是理念、思维的改变。

首先，营销方式发生了改变。消费者的入口改变了。以前没有互联网的时候，旅行社是尽量把门店开到消费者的家门口，而现在入口是电脑和手机。入口的改变，带来的就是营销方式的转变，也就是接触消费者方式的改变。

其次，消费者购买的渠道发生了改变。要想吸引用户在互联网或移动互联网上购买你的旅游产品，你的线上平台应能提供包括旅游线路查询以及预订、支付等功能。这对于消费者的购买流程起到了极大的简化作用，而对于传统旅行社业而言，提供这些服务成为实现转变的基本要求。

最后，也是最重要的一点，就是产品本身的改变。旅游产品是非常适合做电子商务的一种产品，因为其本质是一种通过信息技术实现营销、产品展示、商务洽谈和在线支付，再通过体验消费完成交易评价。这就要求旅行社在产品开发上，掌握互联网方式的营销、展示和洽谈，更重要的是要在消费体验环节利用线下优势获得用户认可和良好评价，旅行企业还要注意产品的网络评价以及社交网络的传播，特别是借助互联网实现旅游产品的定制。

互联网不但要求旅行社在对外的运营上改变，也要求旅行社改变内部流程。例如，中青旅随着遨游网的成功运营，来自互联网订单越来越多，中青旅的内部流程也在进行优化。以前很多需要人工操作的流程，逐渐变成了自动化操作。在这个过程中，整个预订流程在不知不觉中被简化，中青旅内部的效率也得到了提升。

在线旅游是一个已经探明的丰富金矿，尽管传统旅行社在进行互联网化的过程中还存在问题需要克服，但只有主动拥抱互联网，才能在未来的红海市场中分到一杯羹。

子项目二　掌握旅行社电子商务化的模式

【案例与解析】

他山之石：看 OTA 途牛网凭什么赴美上市？

"专注于提供在线休闲旅游服务"的途牛旅游网 2014 年向美国证券交易委员会（SEC）提交了招股说明书，计划融资 1.2 亿美元。

上市成功后，途牛网成为在美国上市的第四家国内在线旅游公司，前三家分别是携程、艺龙和去哪儿网。更多人关心的是，途牛上市的底气在哪里？它究竟有什么独特之处？

专注休闲旅游补足市场拼图，成立于 2006 年的途牛网，一开始就决定了自己要走一条不同的路。从途牛网的业务和经营范围看，途牛在做的事情，就是在补足国内在线旅游市场的最后一块拼图。对比行业里其他公司，携程、艺龙更侧重机票、酒店预订的商旅业务；去哪儿网是旅游在线搜索平台。这三家已经在海外上市的公司，在机票、酒店预订上的竞争已经非常激烈。途牛网能够从它们激烈的竞争中突围出来，其中最重要的原因，就是途牛看准了在线休闲旅游这个细分领域。招股书显示，途牛网在线销售的 20 万种旅游产品中，途牛主要针对的是在线休闲旅游市场。途牛是中国最早一批提供此类服务的公司，自成立起一直专注于的这一细分市场。途牛通过自营模式销售跟团以及自助游的旅游度假产品，采购上游供应商提供的产品，再通过自己的打包和组合，定价销售给终端的大众旅游客户。

[解析]

通过数据对比发现，途牛网的自助游增速在近年大幅度上升。自助游已经成为越来越多个人和家庭出游的选择，自助游快速增长也让途牛网业绩稳定增长如虎添翼。而这种敏锐的商业嗅觉来自在线旅游企业的优势，这是很多传统旅行社欠缺的。

对比途牛网的优势，我们会发现传统旅行社欠缺的最主要的就是信息优势、大数据分析能力、互联网拥有的独特经营视角，以及借助网络流量产生的跨地域的销售与营销。可见，传统旅行社要想实现电子商务化的发展，重点就是解决这些问题。

当前的旅行社电子商务模式主要包括以下几种。

一、委托在线旅游网站的代理商模式

旅行社与携程、同程、途牛等旅游网站或者一些团购平台签约合作，成为它们的产品提供商，签订合作协议，借助旅游网站平台开展电子商务。这个模式的好处是投入成本低，关联业务，能够快速部署。旅行社无须技术投入，实现周期短，回报快，有一定的平台红利，目前还是小微型旅行社电子商务转型的首选渠道。但这种模式的缺点是没有品牌展示机会、利润较低、竞争大、资金周转压力大，而且这其实是一种伪电子商务。因为落实电子商务的主体，并不是旅行社本身，而是这些合作平台。

在线旅游网站代理模式还可以选择在成熟旅游平台开设自己的网店。比如，飞猪、美团旅行、云驴通新零售、欣欣旅游网，在这些网站上开设自己的品牌店铺。这种模式的好处是开发周期短，能够快速实现，而且投入低、流量高、快速享受平台红利，较容易赢得消费者的信任，转化情况比较理想。缺点是品牌独立性不强，用户需与全平台共享，而且受各种平台的进入门槛和规则限制，这种模式其实也只能算是电子商务的简单入门，也不能算是真正的电子商务。

二、"水泥"＋"鼠标"模式

这种模式即自建网站+渠道推广。该模式的主要方式是旅行社建设旅游网站，提供酒店预订、机票预订、"酒店+机票"式的商务套餐和自由行服务、签证服务、用车服务和量身定制旅游线路的服务等。这种模式的代表是去哪儿网、酷讯、百度，它们主要就是帮忙旅游企业做广告宣传。这是旅行社自营网站的主流营销合作渠道。

这个模式的好处是企业可以自创品牌或者延续品牌，这类企业有产品组织、包装能力，有营销推广能力、有自己的会员管理系统，有呼叫中心、通过互联网使用信息化手段经营旅游服务的电子商务公司。这种"水泥"＋"鼠标"的模式，进入门槛很高，并且可以实现自有用户积累。它的缺点是需要大量资金注入和人力投入、开发周期长，并且可能还要面临前期流量低、转化低的开局情况。同时，将网站视为企业的一个部门，从企业内部的整体运作考虑，其运营的目的就包括了企业及其产品进行网上推广和实现自身盈利两部分。

旅行社在网络上建设自己的品牌，同时将其酒店预订、线路设计与预订、机票预订等业务搬到网上，吸引更多的旅游者。这样一部分旅游者在浏览了网站后，会到相关企业购买旅游产品，网站的部分盈利转向了旅游部门；另一部分直接在网上预订和购买，形成网站的直接盈利。而旅游网站依托强大的旅游企业资源作为品牌支撑，企业规模优势、品牌知名度和美誉度，以及顾客忠诚度都转化成了旅游网站的品牌优势，同时也为网站节省了大量的线上及线下的营销支出。这种经营模式下的旅行社能够依托企业实体，其酒店预订、线路预订基本上都可以拿到旅行社的最低价，因此在价格上的竞争力也强于大多数同行。

这种模式的旅行社电子商务的发展目标是建立高度信息化的在线旅行社。由于这种模式的网站建设及信息系统的建设成本投入较高，后期的维护成本也较高，适用于大型、中型旅行社，面向拼团散客、自助游散客和商旅客人提供旅游产品和服务。

三、社区模式

旅游社区，早期代表为马蜂窝、穷游、旅人网等，是旅行社企业资讯和品牌信息的有效传播渠道，但这种方式要求企业有较好的信息化体系基座，并且持续进行大量的人力、物力投入，才能有不错的转化率。利用社会化媒体应用和移动互联网应用，如微博、微信等社会媒体营销渠道，旅行社通过开展一些具有特色主题的虚拟网络社区、吸引网上旅游爱好者，使他们成为自己企业的会员，让他们彼此有某种程度的认识，分享某种程度的知识与资讯，形成友人般的、彼此关怀的团体，同时也是旅行社较为稳定的客户团体。这种模式被称为旅行社电子商务发展的社区模式。社区模式的一个重要特点是拥有高忠诚度的良好的会员机制。

为了吸引会员加入，社区模式的发展应有四个阶段。

（1）吸引会员阶段。企业开展网络营销，定期发布一些旅游爱好者感兴趣的内容，使之成为你的会员。

（2）增加参与阶段。鼓励会员创作并发布内容，从而吸纳更多会员。

（3）建立忠诚度阶段。发展会员之间的关系、会员与主持人之间的关系，增加会员与企业的黏性。

（4）获取价值阶段。此时是社区模式的成熟阶段，可适时投放目标性广告，并对优质服务进行收费。

社区模式主要面对具有特定爱好的旅游者、自助游散客及城市休闲消费客户、特色旅游爱好者，它向这些用户提供稳定、专业的旅游者交流平台。这种模式下的网站建设成本、维护成本较低，所以它较适合小型旅行社。小型旅行社可以自建或委托建立网络社区，也可以是依托著名的社区开设一个属于旅行社的版面。它提供了使用者彼此互动的环境，凭借参与者本身的高忠诚度，可以吸收参与者周围的人加入。旅游网站可以较容易地累积流量，也可以减少搜寻顾客的成本。

社区中的会员对社区有认同感，他们认为在该社区中旅游购物会比在一般网络中旅游购物的风险性要低。同时，网站提供广泛的资讯与多样的选择，激发会员的消费欲望；网站为会员提供人性化的服务，可针对个人不同的需求提供不同的特色服务。社区会员的入会费和网站提供服务的费用都是社区重要的盈利渠道。

这种模式的成长空间主要有两个方面：①将旅行社实体与旅游网站虚拟空间相结合，将网上虚拟关系拓展到实际中来，可以增加旅行社的交易机会。②会员及使用者留下来的资料将是旅行社宝贵的资源，有助于旅行社开展旅游营销。

四、互联网横向联盟模式

中小型旅游企业由于资金少、规模小、知名度不高等原因造成了其资源短缺。为了增强自己的竞争实力，中小型旅游企业可以在选择在保存自己核心能力的基础上与其他旅游企业建立战略联盟，整合旅游资源。它可以依托大型旅行社的电子商务平台，只需向这些平台支付一定的费用，花费较少的成本就可以充分应用平台的技术、市场优势，面向拼团散客、自助游散客和商旅客人、观光和度假游客开展自己的电子商务。

另外一种方式是众多中小型旅行社共建电子商务平台。由于平台网站和系统建设的维护成本可由加盟企业共同分担，每个企业所负担的成本较小，并且互相之间可以整合市场、资源、共享旅游信息资源，有利于各企业更有效地从整体上把握市场动态及其发展趋势，更全面地了解游客的个性需求，使旅游产品及服务更具针对性，更符合游客需求。

共用客户关系管理系统的各个企业可以共享客户信息这种模式下的企业从单个特定产品和整个组合旅游产品两个角度来分析和管理客户信息，有助于各企业在做好自己特色产品及服务的同时，加强互相的协调与合作。共享人力培训资源和网络营销资源，比如，统一进行人才培训、广告宣传和促销，这些都可以分摊成本。

我们把上面两种中小旅行社开展电子商务的发展模式共同概括为横向联盟模式，在这种模式下，互联网作为一种信息技术，完全可以从信息管理的各个方面把多个小企业武装成一个很有模样的"大企业"。这种模式利用网络虚拟化的特征使小企业变大，使中小企业不再受到经济规模大小的制约，可以随心所欲地进行信息的交流、管理与利用，这为中小型旅游企业提供了难得的发展机会。

【任务 7-1】

旅行社电子商务调研

以小组为单位（每组 3~4 人），任意调研一家传统旅行社的电子商务运营情况，并提出优化方案。

子项目三 探索旅行社开展旅游电子商务工作的途径与方向

【案例与解析】

蓝太阳旅行社的电子商务化之路

哈尔滨蓝太阳商务旅行社是哈尔滨首批6家4A（AAAA）级旅行社之一，企业规模虽然不大，但它长期在百度排名靠前。其自有产品销售主要来自自己的网站，特别是"蓝太阳大篷车"集体自驾特色产品全部靠其网站和官方微信公众号平台销售，是一家有自己特色产品的、并已实现电子商务化的传统旅行社。图7-1为蓝太阳旅行社官方网站。

图7-1 蓝太阳旅行社官方网站

[解析]

由于企业自身体量小，产品独特，该公司把电子商务化的重点落实在以新媒体为核心的精准营销上。通过微信公众号和官方网站，该公司面向30年来积累的用户资源进行产品的互动建设，按顾客需求不断创新产品，并直接实现销售转化，实现了大众化的集体订制产品开发，在众多旅行社中脱颖而出。

旅游市场的发展离不开传统旅行社，传统旅行社多年来的市场价值与地位举足轻重，旅游业的特点决定了"无论游客在哪里购买产品，但最终还是必须到线下去消费"，这对于传统旅行社来讲，其线下的优势地位明显。因此，旅行社要坚持发挥自己的优势（交通资源、景区资源、酒店资源、导游领队资源、地域优势、特色线路产品规划与设计能力、活动组织与管理能力等）。图7-2展示了旅行社电商化首先要完成的3个转变。

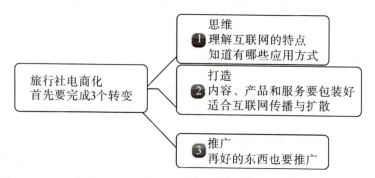

图7-2　旅行社电商化首先要完成的3个转变

旅行社电子商务化改造的方向可以考虑这样几个方向：

第一，通过社会化营销手段建设旅行社新型IP。

①打造网红景点进行宣传，扩大旅行社的客源；

②整合旅行社结构。

第二，大力发展定制旅游业务。

制作属于旅行社的个性化特色旅游产品，使客户参与到产品的设计与制作之中：不以价格吸人眼，要以特色得人心、实现互联网营销。

第三，拓展业务范畴，参与旅游产品设计与生产业务。

组织开展乡村游，周边游。打造自己的客户群，收集客户数据（旅游吸引物）景区品牌营销：为景区打造品牌，与其他行业相互融合，发掘景区的文化内涵，制作、宣传景区文创产品。

第四，开展研学业务。

旅行社不应该只是旅游产品的导购与促销者，应该做旅游目的地的讲述者和文化的传播者。

在这个资源共享的信息时代，传统旅行社首先要和互联网接轨。需要做到三个改变：①学会应用互联网思维开展自己的旅游业务，包括明确定位产品、服务、品牌。②学会将信息、产品和服务高质量互联网化（图、文、视频等）的方法。③学会将高质量的信息、产品和服务，掌握使用互联网将自己的产品信息传播出去的方法。

这几年很多传统旅游企业也开始尝试向旅游电子商务转型，但很多旅行社对电子商务了解甚少，再加上缺乏专业的旅游电商人才，转型道路步履维艰。传统旅行社布局旅游电子商务应该做好以下四点：

一、加强学习，掌握旅游电子商务技术和互联网思维方式

年轻人一般喜欢自由行、自助游，几乎不参加跟团游。

实力弱小的旅行社根本就没有办法与实力强的旅行社抗衡，游客参团量必定会持续下滑，只能靠以前的一些老合作伙伴、老用户来维持基本经营，但这样的客户群体能维持多久呢？既然现状不能维持太久，那就必须寻求新的出路。

对于中小旅行社来说，旅游电子商务无疑是一条新的出路。

二、整合资源，打造自己的优势

传统旅行社拥有丰富的旅游资源，景区、车、房这些都不在话下。但是这些资源比较分散，要借助旅游电子商务技术和互联网思维进行整合。

传统旅行社的业务和旅游电子商务不同，传统旅行社主要以团队游为主，容易拿到"批发价"，而电商则以散客为主，这就不具备规模优势。

大家都知道，热衷网络购物的客户群无非就是图两点，一是图方便，二是图商品价格便宜。旅游业也一样，如果你没有价格优势，想在竞争激烈的互联网立足是非常困难的。

所以，我们必须重新整合资源，重新和酒店、车队、景区进行协商，拿到尽量低的价格。另外，要尽量多找一些资源，多和一些供应商合作，不但要在价格上占优势，而且要使自己的产品更加多样性，满足不同消费者的需求。

三、人才储备，弯道超车

要与新型旅游企业竞争，必须有旅游电子商务人才，这是一个非常关键的因素，关系到企业未来的成败，旅游电子商务应该储备以下几方面的人才：

1. IT人才

有些朋友会说，我们不是IT企业，没必要储备IT人才。这种观点是错误的，因为做旅游电子商务就会涉及大量网络方面的技术工作。另外平面、美工方面的人才也不可或缺，对于这类人才的要求，水平不一定要求拔尖，但一定要有平面、美工的技术，或者可以采取与合作企业共享人才。

2. 网络营销人才

网络渠道在成为旅行社主要营销渠道的前提下，网络营销人才需要与IT人才配合才能完成网站的推广与优化、自媒体建设、电商交易等工作。特别是旅游企业，产品丰富、内容繁多，专业的旅游网络营销人才非常关键，是决定企业成败的重要因素。

3. 传统人才

传统旅游企业都拥有众多经验丰富的计调人员、外联人员，这些人才对于旅游电子商务来说还是不可或缺的。线下业务还是需要这部分人员来完成，但企业必须为这些人才安

排电子商务化培训，使之具备互联网思维和旅游电商操作技能，才能适应新的工作需要。

四、运营布局

传统旅行社如何布局自己的旅游电子商务版图，一般来说有五个方面的工作。

1. 精准定位

旅游电商的策略很多，企业要根据自己的具体情况选择不同策略，也就是要先清楚自己企业的定位。例如，用户定位，要确定自己用户在哪里？是本地的，还是外地的？他们共同的特点是喜欢登山还是观海？

由此确定产品定位，是出境游，是个性定制，还是家庭游，或是亲子游？另外，还有服务定位、市场定位等问题。

2. 广招人才

人才是最基础问题，没有人才就没有传统旅行社的电子商务化。正如前文所提到的各种人才，是启动电子商务化的前提。

3. 确定品牌

自媒体时代的到来既是机会，更是挑战。再小的企业，哪怕是一个人，都得有名字，都应该创建自己的品牌，互联网时代就是如此，不进行品牌建设，所有工作都是为他人作嫁衣。旅游业各种企业如景区、餐饮企业等，都在寻找独立销售的途径，旅行社创建自己的品牌之路，竞争激烈、任重道远。

4. 细选模式

传统旅行社的电子商务化需要选择适合自己的组合策略。最主要的一些要素组成有企业电商网站、社交媒体营销、第三方平台合作、自媒体建设等。

旅行社最初的触网大多是从官方网站开始的，但很多旅行社后来又放弃了，原因就是感觉不到效益和效果。其实到今天回头看，那些坚持下来并不断改进的旅行社，它们自己的官网已经为企业发展做出了很大贡献。今天我们看到很多旅游企业的官方网站都演化成了具有电商功能的网站，成为企业网络上的名片和信息发布中心。一个没有优质的网站的旅行社是很难让人信服的。同一份信息、产品服务，放在微信、淘宝，为什么不放到自己的网站上来？未来只有在自己手上才是安全的，不能把生死线放到别人的平台上。所以，一般来说这是必选项。

其他可选项都是要按企业实际情况选择的。比如，自己的社交媒体，社交电商时代对旅游业影响巨大，不做社交媒体就等于又聋又哑。还有是否开发 App 还是借助微信公众号实现以自媒体为核心的精准电商体系等，都是旅行社要认真选择的模式。

5. 多种平台

网络进入分化时代，不同的人群喜欢不同的网络，虽然百度、阿里巴巴、腾讯（BAT）是大流量汇聚的平台，但也有些小众平台专注于某些特殊领域。比如，户外人群，所以一定要将自己的产品和服务与尽量多的、与自己定位相符合的平台之间联系起来，更容易开展自己的业务。

参考案例

【案例】芝加哥麦考德（McCord）旅行社业务流程改造

芝加哥麦考德是美国中西部地区最大的旅行社，它在进行电子商务流程改造之前，麦考德通过传统的呼叫中心对其 2 000 家分支机构的客户进行旅游服务。如果这些企业的旅游客户们想了解相关的旅游政策和旅行方案介绍，他们必须通过传真提交申请，并通过电话查询、核实。而通常旅行社在收到申请后的 24 到 48 小时内都很难及时做出回复。客人们都很讨厌这样的等待，但又不得不忍受这样的方式。

后来麦考德公司发布了一种基于 Web 的应用系统，它将传统业务处理搬到了网上。这样一来，相同的业务流程处理仅需要几分钟。当旅行者从网上订票时，电脑会询问其旅行计划。当提出的路线安排符合其计划时，该旅行者便能继续订票操作。该网络系统运用一种基于客户化的数据挖掘软件，将各种旅游者可能的问题与咨询公布在官网上。同样，游客也因此受益匪浅，因为网上提供了旅行出游的大量备选方案，游客节省了 20% 的开销。由于采取了网络虚拟的客服智能地回答顾客的问题，该旅行社的人力资源成本也大幅度地下降，门店数量也相应减少。

【任务 7-2】

校园旅行社电子商务运营方案

如果在校园开一家旅行社，应该如何进行电子商务运营。以小组为单位（每组 3~4 人），为校园旅行社制定电子商务运营方案。

项目八　路上的你不寂寞
——生活服务类电子商务

教学目标

1. 了解常见的与旅游活动相关的生活服务类电子商务现象；
2. 了解移动支付的基本知识以及在旅游活动中的应用；
3. 掌握社交软件的基础知识及其在旅游活动中的基本应用；
4. 了解基于地理位置的移动服务相关知识；
5. 了解其他常见生活服务 App 和其基本操作。

小试牛刀

列举 3 个游客在旅游过程中常见的生活服务类电子商务行为。

_____

_____

_____

_____

_____

同课程分段式教学建议

　　旅游电子商务与生活服务类电商服务日益融合，本章将学习关于生活服务类电子商务的基础入门知识与技能，建议教师采用任务驱动模式，安排案例教学以及学生自主实操练习。

生活服务类电子商务

导入案例

坐高铁可以订外卖啦！

2017 年 7 月，铁路部门在各省会及计划单列市所在地的 27 个主要高铁客运站，推出动车组列车互联网订餐服务。通俗解释就是，旅客不仅可以订高铁盒饭还可以订购社会品牌餐食，也就是乘坐高铁动车的乘客可以在列车吃上例如××汉堡、××盖浇饭。2018 年 1 月，"高铁外卖"服务升级，将预订时限由开车前 2 小时压缩至 1 小时。这标志着中国铁路首次将餐饮服务大门向社会开放。

据了解，乘坐 G、D 字头的动车组列车出行的旅客，可以通过 12306 网站、手机 12306 App 的方式预订，既可以订列车餐车供应的餐食，也可预订沿途供餐站供应的社会品牌餐饮食品。此次试点的供餐站共 27 个，主要是上海、天津、广州、南京、杭州、西安、沈阳、长春、武汉、济南、福州、厦门、长沙、成都、重庆、兰州等省会城市及计划单列市所在地高铁客运站。

应该怎么操作订餐呢？打开 12306 App，可以看到"订餐服务"已经上线，如图 8-1a 所示。

图 8-1a　12306 App 中的"订餐服务"界面

进入订餐页面，乘车日期和出访车次将会自动匹配你的订票信息，如图 8-1b 所示。请注意，一定要先订票才能订餐，下面有途径的订餐站可以自主选择。

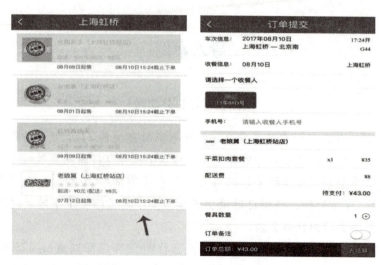

图 8-1b　12306 App 中的"订餐服务"界面

在选择了一家餐饮店后，系统将会自动关联乘车人信息。乘车人填写手机号，订餐提交后，进入支付页面。

[分析]

外卖领域之所以火爆，原因在于它与打车业务类似，外卖也是一个高频的移动支付业务。与打车应用相比，外卖更符合用户的刚性需求，极低的门槛和大量的优惠可吸引用户反复体验。而在旅游中，各服务商都是以服务为本，因为好服务高于一切。现代化、电子化、信息化、智能化都是手段，未来旅游电子商务展——智慧旅游，并不是冷冰冰的科技手段与硬件的升级改造，最根本的还是科技与服务的结合。

外卖较高的使用频率更有利于用户习惯的养成，能够更快速地形成用户黏性，加快"互联网企业构建入口+场景+支付"的闭环体系，因此，外卖成为继打车软件之后互联网企业又一个竞争的热点。培养稳定的客户，避免"大而全"的模式，让消费者自主选择目的地、饭店、交通工具、旅游方式等，将网站过客转变为固定顾客，使旅游电子商务真正进入"以旅游者需求为中心"的实用阶段。

基于移动终端的电子商务活动一般也称移动电子商务，由于移动电子商务更加适合旅游业，因此基于移动电子商务的生活服务类电商与旅游电子商务不断靠近、融合，逐渐成为旅游电子商务中不可或缺的重要补充部分。

子项目一　了解移动支付手段的类型

【案例与解析】

"指尖生活"更轻松

利用线下强势渠道的优惠政策来拓展移动支付用户群体几乎已经成为当今移动支付巨头的标配。从 2016 年 4 月 30 日起到当年 5 月 2 日，全国范围内的家乐福就成为支付宝开疆辟土的"入口"。微信支付则走得更远。自 2016 年 5 月 1 日起，中国游客在新西兰奥克兰机场、奥提尔奥克兰连锁商店 8 家门店，以及新西兰天然礼品店等多家连锁、免税商店，都可用微信支付快捷消费。在韩国，诸多商家也在"五一"小长假前早早贴出了"共庆'五一'，支持微信支付"的海报，毕竟在 2016 年春节期间，微信支付在韩国新罗免税店的支付占比最高达到 12.3%，让韩国商家感受到国内消费者对移动支付的热情。微信方面介绍说，目前，微信支付较普及的国家和地区还包括日本、韩国、泰国、澳大利亚、新加坡、美国及我国台湾、我国香港等，近 10 000 家门店。

除了支付宝和微信两大巨头之外，其他移动支付商家同样紧紧抓住了"五一"小长假的商机。银联钱包在"五一"期间不但与五星电器联手推出"1 元秒杀 100 元活动"，还在线上联合广发银行在京东商城、一号店、当当网、山姆会员店、飞牛网几大综合电商平台上展开多种营销。

如果说在消费领域，移动支付的红火主要来自平台真金白银地投入，那么在旅行领域，移动支付平台则用新的用户体验真刀真枪地和在线旅行平台展开了竞争。

通过互联网购买门票如今已不是新鲜事，但这样只是把购买环节转移到网上，还需要在现场完成订单核对、排队取票等环节，与线下购买门票的方式没有本质区别。2017 年"五一"期间，支付宝和微信都主打了景区电子票，消费者在购买电子票后，无须在线下进行换票，通过手机二维码就直接扫码入园、入馆。飞猪旅行方面表示，首批支持的景区，包括长隆海洋王国、北京十三陵、陕西华山等著名旅游景点。微信方面则表示，除了电子票外，微信还在尝试进一步加速智慧景区建设，如在景区内核心区域及场馆内增设"摇一摇"热点，游客可在手机端获得景区导览、表演时间、科普语音讲解及优惠抽奖等信息。

在出行领域，过去难以在线上渠道完成的汽车票购买如今也获得突破。在今年"五一"前，支付宝首批"线下扫码、旅行优惠"活动进驻了 8 个省 120 个汽车站，乘客只需要在汽车站终端机上扫码，就可以选购汽车票。微信表示，汽车票购买可以通过微信公众号进行。在广东，通过"粤运交通"微信公众号平台，不但能够购买省内 10 个地区客运站始发车票，还可以在两大区域 13 个站点直接扫描二维码上车。

（资料来源：《宁夏日报》载《钱包变薄 移动支付受质疑》）

[解析]

支付，是电子商务活动的最后一环。智能手机的普及带动了移动互联网的发展，移动互联网的发展推动了电子商务的发展进程，而移动电商业务的发展则需要有移动支付作为重要支撑和保障。

随着移动支付技术的发展，移动购物将慢慢成为主流。移动支付不仅意味着支付方式的变革，更意味着一种全新的生活方式和商业时代的到来。

中国网络经济在过去 10 年飞速地增长，支付宝、财付通、银行、微信支付，都是大家非常熟悉的支付手段。随着在线旅游和移动支付的快速发展，支付工具的效率已经变得越来越重要，它决定着一笔笔交易能不能最终达成。旅行者在很多时候选择移动支付方式进行消费，特别是在旅游活动中，告别携带大量现金，使整个旅途方便快捷，让游客感受移动化、自助化支付方式带来的多元、快捷和安全。移动互联技术正改变着消费者的习惯，移动互联技术的出现与进步正在重塑在线旅游行业格局，移动端未来必将成为旅游预订的核心渠道，移动支付和数字钱包将为旅游业带来新的机遇。

一、移动支付创新电商模式

目前移动支付在整个移动互联网中的作用已经越来越明显，互联网体系、银行体系、电信运营商体系已经开始针对移动支付市场展开激烈的交锋。移动支付相比于传统的支付手段更加符合消费者对便利性、信息安全性与交易效率性等的要求，用户人数的提升会极大地带动移动商务、促进相关产业的发展。

移动支付（mobile payment），也称为手机支付，是指交易双方为了某种货物或者服务，将移动终端设备作为载体，通过移动通信网络实现的商业交易。移动支付所使用的移动终端可以是手机、掌上电脑等。通过移动支付，用户可以使用其移动终端（通常是智能手机）对所消费的商品或服务进行支付，单位或个人还可以通过移动设备、互联网或者近距离传感直接或间接地向银行金融机构发送支付指令，产生货币支付与资金转移行为。移动支付将终端设备、互联网、移动互联网、应用提供商以及金融机构相融合，为用户提供货币支付、缴费等金融业务，实现了移动电商最终的交易环节。

移动支付作为电商的一种重要交易模式，手机或者移动手提电脑都只是承载电商消费的介质，比起传统的电脑，携带应用也更为简便。消费者的智能手机逐步就会取代传统的钱包功能，即"移动钱包"，手机内部容纳各种支付、积分、识别、认证方式会变得像现实生活中的钱包容纳金钱和证件一样。随着智能手机和 4G 网络的发展，以支付宝、微信为代表的移动支付开始兴起，并且在短时间内迅速普及，大到传统百货，小到街边零售小铺。移动支付的产业链对手机支付的推广和应用具有非常重要的意义。随着移动支付产业标准的出台，移动支付技术将大规模投入商务应用中，为电商发展奠定用户基础。

"互联网+"战略的落实，使互联网思维加速渗透到传统行业中，其中必定离不开支付产业。另外，当下消费场景的增加以及几家移动支付巨头的补贴，也有效地提高了移动支付的使用频率，促进了移动支付习惯的养成，如图 8-2 所示。

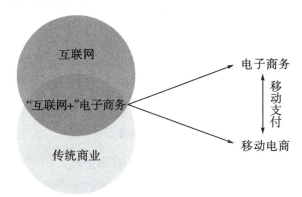

图 8-2　"互联网+"加速移动支付和电子商务的发展

在互联网飞速发展的时代，广大群众在各项生活服务、衣食住行方面已经离不开移动支付。吃饭团购、电影选座、水电煤气费支付，我们动动手指即可下单完成付款，移动支付已经渗透进我们生活中的方方面面，如图 8-3 所示。

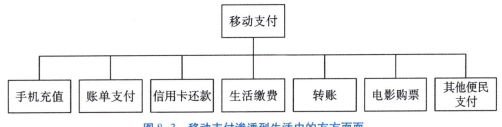

图 8-3　移动支付渗透到生活中的方方面面

随着众多的电商企业从移动支付功能中发现新的商机，O2O，F2C 等创新的电商模式应运而生。企业要生存，电商要发展，就需要更好的技术支持，这在很大程度上加快了移动支付标准的产生，加快了支付领域的多元化进程。目前，在移动支付领域主要采用以下三种类型的方式进行支付，如图 8-4 所示。

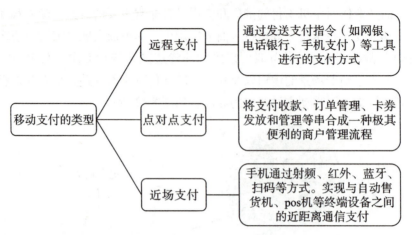

图 8-4　移动支付的主要三种类型

移动互联网技术的飞速发展带动了移动支付的技术创新，而用户对于支付便捷性的需求同时也催生新的支付方式的产生。不过移动支付技术的安全性、稳定性以及用户使用习惯的培养是目前移动支付企业需要着手解决的问题。在手机端，各种类型的诈骗短信和垃圾信息泛滥成灾，消费者在使用移动支付时难免会有一些顾虑。

二、电商的主流移动支付手段

以手机为载体，通过与终端读写器近距离识别进行的信息交互，运营商可以将移动通信口、公交卡、地铁卡、银行卡等各类信息整合到以手机为平台的载体进行集成管理，并搭建与之配套的网络体系，从而为用户提供十分方便的支付以及身份认证渠道。

1. 短信支付

手机短信支付作为手机最早的支付应用，将手机 SIM 卡与用户本人的银行卡账号建立一种一一对应的关系，用户通过发送短信的方式在系统的指令引导下完成交易支付请求，操作简单，可以随时随地地进行交易。手机支付服务强调了移动缴费和消费。在非智能手机的时代，短信支付是经常被广泛使用的一种快捷的支付方式，它直接从 SIM 卡进行扣费。那时的手机短信支付存在不少缺陷，后来逐步就被取缔了。

再后来，运营商又开发了新的接口，让一些公司可以通过用户主动发送短信，再通过短信让用户确认的方式来进行支付服务。不过这类型的业务坏账率相对较高，目前仅在游戏、手机彩铃等虚拟行业中使用。

2. 扫码支付

扫码支付是一种基于账户体系搭建起来的新一代无线支付方案。商家通过把账号、商品价格等交易信息汇编成为一个二维码进行发布以后，用户通过手机客户端扫描该二维码，便可以进入相应的付款界面，轻松实现与商家账户的支付结算。扫码支付在国内市场的兴起并非偶然。国内的 IT 技术日渐成熟，推动了智能手机、平板电脑等移动终端的飞速发展，使得人们的移动生活方式越来越丰富。同时，O2O 电商模式的广泛推广，大量的移动消费需求随之产生，因此扫码支付解决方案便应运而生。移动支付的核心价值就是便捷，而扫码支付可以只在用户、商户和第三方支付之间进行，是多种支付方式中最为便捷和最容易推广的，是移动支付的首选，其"钱"景十分广阔。

3. 近距离无线通信技术（NFC）支付

NFC 是一种非接触式识别和互联技术。带有 NFC 手机模块的手机内置 NFC 芯片，是组成射频识别（RFID）模块的一部分，可以当作 RFID 无源标签来支付使用，也可以当作 RFID 读写器来进行数据交换和采集。NFC 支付与二维码支付的主要区别在于，NFC 是采用了一种高频无线通信技术，无须使用移动网络。这样，只要是配备了 NFC 技术功能的智能手机就可以把手机直接变换成为支付终端，可以直接完成刷机支付。

NFC 手机与卡的结合最早是对卡内信息的结合，国内开展 NFC 支付最初是从公交费用支付开始启动的。除了 NFC 手机以外，各大商家也把 NFC 支付市场的应用投入了可穿戴的智能移动设备上面，如智能手表也支持基于 NFC 技术的安全非接触支付交易，进一步简化了用户支付的快捷性。

银行方面也对 NFC 应用进行了开拓。例如，中信银行推出了 NFC 手机支付，用户仅通过一部智能手机便可轻松实现传统银行卡的全部功能：消费、圈存、查询、转账、现金等。用户不但可以在中国境内贴有中国银联"闪付"标识的特约商户直接刷手机，完成付款，还可以直接通过手机实现"在线充值"和"实时余额显示"等功能。

随着 NFC 技术的逐步完善，移动运营商们也寻求到业务发展的一个突破口，现在 NFC 技术已经确定为 4G 手机的标准配置，以 NFC 为入口打入互联网，就可以实现对虚拟产品进行支付，甚至这项技术还可以拓展到电子商务支付业务。

4. 指纹支付

指纹支付即用户通过指纹即可完成消费支付，是采用目前已经成熟的指纹采集系统进行消费的认证。用户通过指纹识别即可完成消费支付，并可以享受商家的折扣，不仅简化了消费程序，省去了各种银行卡的牵绊，还有机会享受特殊折扣。

目前，支付宝、微信、Apple Pay 等主流移动支付平台都已经全面开通指纹支付功能，整个支付流程无须输入密码，即可实现"秒付"。

5. 人脸支付

2015 年 3 月 16 日，马云在全球知名的 IT 和通信产业盛会的开幕式上，向德国总理默克尔和中国国务院副总理马凯，演示了蚂蚁金服的扫脸技术，为嘉宾从淘宝网上购买了 1948 年的汉诺威纪念邮票。

人脸支付是基于脸部识别系统的支付平台。人脸识别支付系统不需要钱包、信用卡、手机等介质，用户在消费支付时只需要用脸对准摄像头，系统会自动将消费者的面部信息与个人信息进行关联，整个交易过程十分便捷。

6. 掌纹支付

掌纹支付是一种创新的支付方式，它通过识别用户手掌纹路和静脉分布来实现支付功能。该技术融合了先进的生物识别算法和云计算技术，确保支付过程的安全与便捷。设备设计上，集成显示屏与掌纹识别区域，用户在激活相关功能后，只需将手掌置于识别区，系统便会迅速进行验证，一旦确认无误，支付随即完成。

2021 年 8 月，微信启动了"刷掌支付"的内测阶段。同年 11 月，腾讯公司正式提交了与刷掌支付相关的专利申请。进入 2022 年，腾讯的专利布局进一步加速：3 月，公司申请了"刷掌设备"的专利；8 月，又相继申请了"微信刷掌服务"及"微信刷掌支付"等商标；到了 10 月，微信推出了刷掌支付的小程序，为用户提供更便捷的支付体验。

2023 年 5 月，微信正式对外发布了刷掌支付功能，标志着该技术在支付领域的商业化应用迈出了重要一步。同时，微信与北京地铁携手，共同推出了"刷掌乘车"服务，为公众出行带来了全新的支付方式。此外，深圳大学也率先实现了刷掌支付的全面应用，展示了该技术在校园场景下的广泛应用潜力。

2024 年 9 月，微信刷掌服务的拓展取得了突破性进展，首站落地澳门，标志着微信刷掌支付技术正式走出中国内地，开启了全球化服务的新篇章。掌纹支付相较于刷脸支付，其优势显著。它采用掌心血管纹路识别技术，这一生物特征难以复制与伪造，从而确保了支付过程的安全性与精准度，为用户资金安全提供了强有力的保障。此外，掌纹支付的便捷性也是其一大亮点：用户无需携带手机或银行卡，只需伸出手掌即可完成支付，大大提升了支付的效率与便利性。

掌纹支付的应用场景极为广泛，已深入多个行业与领域。在零售行业，诸如美宜佳、广东 7-Eleven 等知名商户均已引入掌纹支付，为消费者提供更加便捷的购物体验。交通领域同样不甘落后，北京大兴机场地铁线、广州 BRT 快速公交等交通枢纽也已支持掌纹支付，让乘客的出行更加顺畅。

在校园服务方面，深圳大学、中山大学等高等学府纷纷采用掌纹校园卡，为学生和教职工的校园生活带来了极大的便利。此外，掌纹支付还广泛应用于会员支付、免押借充电宝、运动场馆消费等多个场景，满足了用户在不同场景下的支付需求。

【任务 8-1】

移动支付创新方案

发挥想象力，在保障资金安全的前提下，移动支付还能有什么形式，并说明原因。

子项目二　分析社交电商给旅游活动带来的冲击

【案例与解析】

2016年，旅游社交领域动静不小。去哪儿网入驻拼多多，将旅游产品和服务放在移动社交电商平台进行销售；途牛旅游网推出面向全国的户外领队招募活动，其推出的"兴趣圈"功能，把用户不同的兴趣爱好进行分类、贴标签，帮助用户快速获取信息，匹配志趣相投的旅伴。

携程也推出了"旅友圈"，为旅游者提供结伴交友、线下活动、拼单交易等服务。据了解，携程用户数量规模巨大，但单纯的旅游消费频次相对较低，存在需求时才会引起用户的关注，而社交软件则有着高度的黏性，能将用户"捆绑"住。

以婚恋主题旅游为例，其常带有相亲交友的属性，如婚庆文化主题公园推出相亲主题旅游服务，让单身男女通过具体的娱乐互动，转移注意力，化解传统相亲形式中的尴尬；户外旅游、骑行旅游、车友自由行等，则属于特定圈层的团队旅游形式，在小范围社交领域内具有极强的针对性；住宿方面，强调社交属性的青年旅行社、分享住宿平台等，也尤为看重用户在社交方面的需求。

与宠物行业垂直共生的"携宠旅游"，也受到了一些互联网创业者的关注，他们以宠物作为社交的媒介，让爱养宠物的人结伴旅游。宠物作为一种媒介，很容易拉近陌生人之间的距离，成为人际交往的润滑剂。

此外，网红直播也在旅游社交领域大放异彩。以旅游达人为首的意见领袖，通过视频形式，分享旅游中的见闻，比单纯的图文形式的推文更为生动有力。在一项调查中，有24%的用户表示，他们愿意主动分享旅游经历与心得体会。从营销角度来看，借助社交圈子的扩散，旅游信息才会得到更广泛的传播。

［解析］

旅游社交，其核心是社交，旅游只是一种形式。在共享经济时代，旅游借助于社交工具的传播，已经变成了社交的一种媒介。著名的传播学家麦克卢汉曾提出"媒介即讯息"，反过来看，旅游活动包含着大量社交信息，也会成为一种传播介质。社交媒体在旅游业中应用的原因有：首先，旅游属于体验式服务，即时消费型产品。人们在消费前往往会参考别人的评价。其次，社交媒体提供了一个消费者可以信赖的圈子，人们乐于在其中交流旅游信息、感受，也更容易受到他人旅游感受、旅游推荐的影响。通过社交平台分享旅游经历，如在微博、朋友圈晒旅游照片，分享旅游攻略等，一直都是社交平台用户的自发行为之一。在线社交平台能够聚集流量，有着很强的渗透功能。随着社交平台与电子商务网站间的互动模式不断推陈出新，社区交友服务向旅游电商导入潜在用户的格局也将不断发生改变。

一、旅途中的微信电商

微信是一种生活方式。它已经超越了交流平台的定义，它的功能强大，从免费的聊天工具，到最火热的语音聊天交流软件，微信的不断完善和发展，给用户带来了全方位、高品质的服务和体验。凭借着庞大的用户群体，基于微信平台所带来的移动电商模式势必会变得更加火热。

微信是腾讯公司于 2011 年 1 月 21 日推出的一款提供移动即时通信服务的免费社交 App，微信支持跨通信运营商、跨操作系统平台通过网络快速发送免费（需消耗少量网络流量）语音短信、视频、图片和文字。同时，微信也可以使用通过共享流媒体内容的资料和基于位置的社交插件"摇一摇""漂流瓶""朋友圈""公众平台""语音记事本"等服务插件。微信为用户提供公众平台、朋友圈、消息推送等功能，用户可以通过"摇一摇"、"搜索号码"、"附近的人"、扫二维码方式添加好友和关注公众平台，同时微信将内容分享给好友以及将用户看到的精彩内容分享到微信朋友圈。截至 2024 年第三季度末，微信月活跃用户量已经突破 13.82 亿，超过腾讯 QQ，成了国内最大用户群体的移动即时通信软件。

自 21 世纪以来，移动互联网的变化日新月异。曾几何时，大家见面聊天就问对方有没有微博，到了 2013 年，以二维码为代表的 O2O 营销模式在逐步颠覆传统电子商务营销模式；而到了 2014 年，可以说，微信让微博和 O2O 的新奇变成过去式，成为快速渗透所有人生活的社交工具。微信的发展并非一帆风顺，它经历了来自国内外同类产品的激烈竞争，从一个纯粹的即时通信（IM）应用软件转变为移动社交应用，进入向社交与电商相结合的平台前进的过程。如今，微信已经不单单是一个手机应用，它已经成了中国电子革命的代表，覆盖了 90% 以上的智能手机，并成为人们生活中不可或缺的工具。

微信通过点对点的方式，在精确推送信息的同时，更加拉近了沟通双方之间的距离，为用户提供更好的互动方式。基于微信的种种优势，借助微信平台开展电子商务也成为电商时代的一条新兴道路。

随着微信用户的增长和微信版本的不断升级，微信的商业化进程一直被业内人士所关注。通过微信开拓营销渠道也开始让各类电商蠢蠢欲动。比如，美丽说、蘑菇街等社会化电商纷纷涌入微信。借助微信实行营销策划已经是各大电商企业一个重要部署。微信用户群体庞大，快捷方便，可以作为企业的第三方营销平台和服务平台，这样省掉了企业自建平台的费用，节约了更多的资源在微信平台上，无论是销售、客服和物流环节都能充分发挥其作用。

在新的功能和规则之下，微信上的电商企业、微信服务商等也开始酝酿起了更多新的游戏玩法。

品牌需要微信用户主动添加才能被关注，而添加行为本身就是用户对该品牌信任的象征。因此,品牌在微信的粉丝应该是质量更高、忠诚度更高,且购买可能性更大的群体。用户对品牌有一定的认知度,企业有针对性地向这些用户推送内容往往能获得更多的回报率。所以,微信可以作为企业进行精准营销的核心渠道。图8-5展现了微信的精确营销方式。

图8-5 微信的精确营销方式

二、旅游企业的微信公众号

微信公众号是当前旅游企业开展自媒体营销,启动精准客户群电子商务的好选择。例如,南航微信公众号的案例,可以给我们很多启示。

中国南方航空公司开通官方公众号,在线值机、查询里程、航班动态、办理登机牌、机票预订、票价查询、明珠会员、城市天气查询、机票验真等这些以往只能在PC端实现的功能,而现在在南航的微信公众号上都可以非常便捷地实现。

南航总信息师胡臣杰曾表示:"对今天的南航而言,微信的重要程度,等同于15年前南航的官方网站!"如今,微信公众号已经跟官网、短信、手机App、呼叫中心,一并组成南航五大服务平台。

目前,公众号已成为用户在微信平台上使用的主要功能之一。微信公众号的传播方式是一对多的传播,企业直接将消息推送到手机,因此达到率和被观看率几乎是100%。已有许多个人或企业微信公众号因其优质的推送内容而拥有数量庞大的粉丝群体。由于粉丝和用户对微信公众号的高度认可,借助微信公众号进行植入式的广告推广,不易引起用户的抵触,能达到十分理想的效果。运营微信公众号是一个趋势,线下合作广告植入也有较高的效果,机会更大、门槛也更高;内容与互推方式的涨粉效果都在下降,更多新用户则依靠老用户来推广;积分活动、礼品兑换等二次互动能以更低成本的发挥优势。当前在微信公众号内常见的推销方式有:单品爆款、多品组合、会员充值优惠、新品发布优惠、最高返利、限时抢购/直降、1元秒杀、抢优惠券和指定买一送一等。

然而微信公众号,在创造庞大线上商业流量价值的同时,也存在恶意侵权、过度营销、诱导分享、低俗内容、故意欺诈等现象。一些企业公众号一味地为赚眼球、吸粉丝,不惜使出歪招、邪招。它们过度关注粉丝经济,追逐商业利益,导致用户体验大幅下降。没有温度和人情味的公众号只会"掉粉",表面的浮华是一种泡影,经不起沉淀。加强对微信公众号内容的监管,避免劣币驱逐良币,才能维护良好的网络传播秩序。

旅游电子商务实务

UYOU DIANZI SHANGWU SHIWU

三、旅游名博，旅游路上的社交大咖

微博（weibo），即微型博客（microblog）的简称，也即是博客的一种，是一种基于用户关系信息分享、传播以及获取的通过关注机制分享简短实时信息的广播式的社交网络平台。新浪微博用户可以通过网页、App 等发布信息，并可上传图片和链接视频，实现即时分享。

大多数微博用户都会记得有一个微博活动话题叫"带着微博去旅行"，这个话题早期是微博运营部门用来拉动用户分享旅游照片和心情文字的用户原创内容（UGC）引导性活动。该活动产生了数亿计的曝光量和优质旅行内容，活动话题本身已经成为一个非常好的旅游营销渠道。网络旅游 OTA、各地旅游局、旅行者、旅游网站等也发现了这个营销渠道，他们也想参与进来，于是"带着微博去旅行"变成了社会化旅游生态圈的盛宴。

"带着微博去旅游"的运营和营销端的成功，也驱动微博在旅游领域进行产品创新和个性化尝试。微博引入了定制界面、照片墙、粉丝服务、旅游攻略、目的地推介、活动平台、支付接口等全生态系统的产品解决方案。微博已经不仅仅是一个社会化媒体平台，它还正在让自己成为旅游社会化营销和旅游电商的解决方案提供商。微博社会化旅游的野心很大，"带着微博去旅游"的目标也非常具有"侵略性"，它要和飞猪一起打造当年社会化旅游的"双 11"，并一起成为在线旅游的绝对领导者，打造社会化旅游电商一站式平台。

微博为什么会加入旅游市场呢？第一，旅行市场本身规模庞大，2017 年在线旅行市场规模达到 5 900 亿；第二，微博有着众多旅行潜在用户，具备消费能力；第三，微博平台汇聚了大量与旅行相关的内容，而这些用户在完成旅行后，很可能将他们旅行经历以内容形式发布到微博之上。《2016 年微博旅游数据报告》显示，在 2015 年 10 月 1 日到 2016 年 9 月 30 日这一年的时间内，共有 12.5 亿人次提及旅游目的地，而提及旅游目的地的人数达到了 9 623 万人，庞大的用户群体是微博拓展旅游市场的生存基石。

除此之外，微博支付也在全面打通各产品线，旅游机构们不仅可以进行微博旅游营销，还可以直接在微博上销售门票，微博支付让微博的社会化旅游生态真正地闭环化了，这一个问题的解决让微博旅游营销的转化率提高，用户不需要跳出微博 App 便可购买旅游景点的门票，用户的时间成本大大地节省了。微博的社会化旅游生态圈也因微博支付的打通变得具有无限的想象空间，它对社会化旅游、对旅游电商、对传统旅游都有不同层次的影响和改变，微博平台的商业创造力弹性可见一斑。

微博是一个全网的社会化媒体平台，已经上市，并背靠新浪和阿里巴巴，兼具媒体和电商的资源，微博的社会化旅游布局和商业化必然引发在线旅游全行业的震动，虽然在线旅游市场足够大，但是，微博凭借社会化营销和移动电商的两把"利剑"，很可能在未来几年迅速打破传统旅游电商的坚冰，推动行业的深刻变革。

微博在旅游领域的玩法更趋向于 O2O 的模式，他们积极推动旅游企业助力计划，成

功地将旅游机构的线上营销和线下营销平台实现了无缝对接。微博支付的引入，使得各类旅游机构，无论规模大小，都能借助微博支付功能，绕过许多在线旅游平台，直接进行交易。在线旅游机构的技术门槛也可以由第三方开发者来降低，这是微博深度涉足社会化旅游带来的潜在行业变革，也是对现有旅游行业的一种颠覆式影响。

子项目三　了解手机导航在旅途中的作用

【案例与解析】

2019 年中国手机地图行业市场现状和竞争格局分析　高德、百度双寡头格局稳定

2018 年我国手机地图用户规模超过 7.2 亿人，同比增长 5.9%。当时中国手机地图市场格局趋于稳定，基本上形成高德地图与百度地图割据一方的"双寡头"格局。2018 年我国手机地图应用市场中，高德以 33% 的占比位居市场份额第一，其次为百度地图（32.7%）、腾讯地图（15%）。随着大数据、区块链等技术的发展，人们越来越多地使用地理地图和基于地理位置相关的服务。一方面，未来手机地图场景化应用将面向以在线旅游、移动出行等基于地理位置信息为基础的日常生活消费生态；另一方面，无人驾驶、车联网等新型产业也为地图行业提供增量空间。

1. 手机地图竞争梯队：BAT 控制第一梯队

根据企业的知名度和市场占有率，中国手机地图可以分为三个梯队。第一队包括高德地图、百度地图和腾讯地图。第二梯队包括和地图、图吧地图和搜狗地图。第三梯队包括谷歌地图等。其中第一梯队被 BAT 实际控制。

2. 手机地图市场份额：高德、百度双寡头格局稳定

当前中国手机地图市场格局趋于稳定，用户对手机地图的选择有显著的偏好和较高的忠诚度。2018 年我国手机地图应用市场中，高德以 33% 的占比位居市场份额第一，其次为百度地图（32.7%）、腾讯地图（15%）、和地图（7.6%）、搜狗地图（3.5%）、老虎地图（2.6%）、图吧地图（1.7%）和其他地图（4%）。当前基本上形成高德地图与百度地图割据一方的"双寡头"格局，腾讯地图已退居二线，其体量与前两者无法媲美。

3. 手机地图 App 月均活跃用户数：高德、百度遥遥领先

2018 年中国主要手机地图 App 月活用户数据显示，高德地图和百度地图的月活用户数以绝对的优势领先于同领域手机地图 App。其中，高德地图以 3.7 亿人稳居榜首，百度地图以约 3.2 亿人排名第二，排名第三的腾讯地图则为 2 063 万人。高德地图和百度地图领先行业发展，二者实力相当，后来者短期内难以追赶上。

4. BAT 的手机地图竞争策略

地图是入口平台，是战略制高点。随着 C 端车载端的市场日渐饱和，无人驾驶的发展或带来地图产品的重新洗牌。在无人驾驶时代，地图的重要性被提到了前所未有的高度；路面信息数据的全面性，"厘米级"的高精度地图将成为制胜关键。

高精度地图与传统的电子地图区别可以简单地从用户角度来说明：高精地图的使用者是自动驾驶系统，传统电子地图的用户则是人类驾驶员。传统的导航电子地图会描绘出道路，部分道路会区分车道，而高精度地图不仅会描绘道路，对一条道路上有多少条车道也会精确描绘，会真实地反映出道路的实际样式。传统电子地图不会把道路形状的细节完全展现，而高精地图为了让自动驾驶系统更好地识别交通情况，从而提前做出行驶方案，会把道路形状的细节进行详细、精确展示，哪些地方变宽、变窄，会和真实道路完全一致。

（资料来源：根据同花顺财经《2019 年中国手机地图行业市场现状和竞争格局分析 高德、百度双寡头格局稳定》整理、编写）

[解析]

得益于智能交通的发展，车联网被看作有前景的行业之一，各个手机地图供应商积极与汽车企业合作，布局车联网战略。车联网渗透到用户旅游、O2O、娱乐、社交等领域，它能依据每个用户不同的生活习惯与交通现状提出合理的出行建议，节省用户时间，最终实现无人驾驶的目标。智慧出行是"互联网＋"分享经济的一部分，手机供应商纷纷布局智慧出行，基于大数据、云计算等技术发布出行预测报告和"互联网＋交通"指数，尊重每个用户，最大限度地满足其个性化出行需求，助力智慧城市的建设。

一、手机导航市场发展潜力巨大

随着旅游者对个性化的追求，具有自由化和个性化特点的自驾游正受到旅游者的追捧，而导航也成了自驾游车友们的"指南针"。随着智能手机市场的迅速发展，越来越多的车主喜欢使用手机导航。现在手机导航不仅可以精确地为你指出线路，还可以告诉你可选择的公交线路、步行里程及各式各样的商家信息。导航服务已经被广大的手机用户所接受，并在便捷出行和信息化管理等方面发挥着重要作用，一个全新的行业——导航软件及其相关服务业应运而生。

随着技术的发展，目前几乎所有的智能手机都具备了全球定位系统（GPS）功能，而且手机硬件性能也有了质的飞跃。特别是中国自己的北斗精准定位技术已经成熟，而基于手机导航的服务，即数据下载、更新也更加方便快捷，且支持实时更新，而且这类软件具有强大的交互性。例如，实时路况查询、呼叫中心帮助设置目的地、智能推荐路线、公共交通换乘方式等功能都为用户带来了极大的便利，用户能获得更好的体验。更为重要的是，手机作为人们随身携带的物品，除了支持车辆导航以外，还可以随时作为通话、上网、信息查询、订阅等集多功能于一体的工具。而相比于手动导航，语音导航具有更方便、更快捷的特点，目前主流手机供应商都支持语音导航，各大地图导航软件也纷纷采用明星或行业名人的声音包为用户提供特色导航服务。

二、手机导航市场的发展模式

1. 电信运营商收费模式

目前三大地图运营企业的用户数量都不少，它们可以按照互联网的流量变现模式实现盈利，比如与电信运营商展开流量经营方面的合作，包括定向流量和流量奖励，通过获得流量费用分成而形成利润。

2. 免费软件模式

由于移动互联网的发展，手机导航软件本身就能衍生出很多有盈利远景的产品模式，如汽车服务、位置广告、位置团购等。在免费使用软件的模式下，用户支付一定的流量费用即可获得相应的服务。

3. 许可证销售模式

由于中国用户具有重硬件、轻软件的传统消费习惯，由终端厂商批量购买软件授权之后，再以"免费使用的导航手机"广告语将手机进行打包销售，更容易被市场和用户接受。多年以来，以凯立德、途语、灵图等为代表的车载导航厂商一直是行业里面的营利大户。预计今后终端厂商会逐步减少许可证的采购量。

随着技术的进步，单纯的导航已经不能满足用户需求，手机导航市场即将进入巨头时代，各个细分市场融合趋势显著，综合信息服务形式已经成为众多导航产品厂商的战略选择。基于云计算、云平台的导航技术将领衔行业的发展，随着 4G 技术、5G 技术的普及，移动通信网络具有的高带宽、高移动性和低流量资费等特点，势必使得更多的用户倾向于使用手机导航。因此，智能手机给用户带来的体验将更具智能感、互动感、便利感。随着用户规模的增长，个性化定制汽车服务、汽车周边商品信息、增值交通信息、自驾游导引等服务都将与导航应用融合，向产品一体化深度发展。

三、手机导航的两大主力：百度地图、高德导航

1. 百度地图——移动互联人工智能入口

百度地图是百度公司提供的一项网络地图搜索服务，覆盖国内近 400 个城市、数千个区县。百度地图提供了丰富的公交换乘、驾车导航的查询功能，为使用者提供最适合的线路规划。同时百度地图还提供了完备的地图功能（如搜索提示、视野内检索、测距等），以便用户更好地使用地图，便捷地找到所求。

用户更良好、更丰富的体验一直是百度地图在追求的目标。2018 年百度地图正式确立"第一代人工智能地图"的定位，强化"更准确、更丰富、更易用"三大特点，基于 AI

技术继续在交互体验、位置信息服务、出行服务、出行决策等维度做透、做深、做精。依托数据采集自动化、机器学习、出行决策引擎等核心尖端技术，百度地图将人工智能技术优势与日常出行场景深度融合，实现了从工具到平台的飞跃式转变，为用户带来了优质的出行体验。人工智能在新一代地图发展当中的深度应用，不但是百度地图的核心竞争力，也是整个行业发展的方向。百度地图将作为数据时代出行领域最基础的地图应用对包括无人驾驶、智慧旅游、智慧城市等诸多新兴行业贡献更多价值。

2. 高德地图——从工具到入口，从入口到平台

"地图是对真实世界的还原再现，需要与真实世界无限接近，在地图上搜索就是对真实世界的定位，并且是可以一步到位的"。高德地图是中国领先的数字地图，内容、导航和位置服务解决方案提供商，拥有导航电子地图甲级测绘资质，测绘航空摄影甲级资质和互联网地图服务甲级测绘资质——"三甲"资质，高德地图主要追求地图数据的准确性，其优质的电子地图数据库是公司的核心竞争力。

作为一个地图导航工具，在地图精确度上，高德地图已经做得足够优秀，但是作为在互联网时代发展的生活服务应用，高德地图还需努力。用户在高德地图上搜索周边服务，能准确地看到位置，也可以按照导航的指引到达，但是却无法看到该服务的具体内容，高德地图在软件设置上缺乏对此服务的用户体验。因此，高德地图最初选择了与携程开展深度合作，在高德地图中设置酒店频道，接入了携程近四万家酒店的信息。打开高德地图，用户不仅能看到附近有哪些酒店还可以直接从地图进入携程的电话预订流程。后来高德地图又与阿里巴巴合作，这个举措给高德带来的不只是资金，还有成熟的电子商务闭环体系以及庞大的用户数据。自此，高德地图实现了从"工具—入口—平台"的华丽转型。

中国手机地图用户查询信息分布排在前四位的是餐饮、银行、休闲娱乐与酒店，其中餐饮和银行的占比超过一半。随着用户使用手机地图频率的提高，手机地图已开始从单一地图工具，逐步成为用户连接互联网的重要入口，在用户生活领域渗透日渐深入。随着室内地图技术的升级，人流量大、面积大、格局复杂的场景是当前地图厂商布局的重点。

易观千帆数据显示，高德地图和百度地图依然领跑了目前的手机地图行业，各占了国内手机地图市场的半壁江山。截至 2024 年 9 月，高德地图的月活用户数为 8.45 亿，百度地图的月活用户数为 6.8 亿[1]，两家的月度活跃人数还在持续拉近。从用户的体验上来说，经过若干版本的迭代和相互竞争相互学习，两款地图软件的功能整体上基本相同，其导航功能在经过十几年的发展和沉淀后已趋于健全。但百度主打智能化，是其百度 AI 的落地场景；而高德就更专注于精准，采用智行战略。在地图市场趋于饱和的状况下两家都有向生活 O2O 邻域延伸和拓展的意图，但在具体地区与城市两个 App 的路线精确度和用户满意度略有不同，这也导致了网上对于高德地图和百度地图孰优孰劣的争论一直没有定论。

---

① 数据来自知谭商业《月活高于抖音的高德不想再当"工具人"》。

另外，易观千帆数据还显示，目前高德地图与百度地图用户重合率高达86%，这说明大多数的用户手机里都装了这两款地图 App，两者皆有各自凸出的利弊，用户们也难以取舍。两家企业从成立面世以来选择了不同的发展道路，发展轨迹也产生了变化。高德地图当时被阿里收购后，承诺会专注于地图服务，放弃了当时业界大火的 O2O 业务；而百度地图则是走上了 O2O 拓展的道路，最终两者并驾齐驱发展成了地图市场的两大巨头。如今，随着地图服务市场的日趋饱和，战火早已从地图服务蔓延到生活化的全方位出行服务中了。曾经扬言"三年不商业化，专注导航服务"的高德地图如今也开始背靠阿里，一切本地生活场景均能与阿里的其他产品形成联动，带来更大的想象空间。而百度在这条道路上坚持了这么多年如今就更不可能半路退出了，往后美食、住宿、出行、购物、娱乐、旅游等本地生活服务可能都会成为两大地图巨头争夺的蛋糕。

项目九 轻装前行——旅游商品的电子商务

教学目标

1. 掌握旅游商品电子商务的基本概念；
2. 了解旅游商品的分类、区别和联系；
3. 了解旅游商品电子商务的基本工作流程；
4. 掌握旅游商品电子商务模式；
5. 了解旅游商品电子商务虚实结合、互动的新营销模式。

小试牛刀

说一说旅游商品电子商务与普通电子商务的区别。

_____

_____

_____

_____

同课程分段式教学建议

建议学生在上课前先自行浏览、了解商品零售业的电商平台。学生再在此基础上学习营销课程，熟悉网络营销的基础知识。

旅游商品的电子商务

导入案例

三亚旅游商品电子商务网站

在各地的旅游特产中，海南三亚旅游特色商品产业的电子商务做得非常不错。一位远在浙江嘉兴的居民王老师，在游览三亚风光回来之后，依然对那里由椰子加工的特色产品念念不忘，又多次在网上购买了这些产品。通过网络，三亚旅游特色商品产业又收获了更多的效益。

三亚已经通过探索找到了一条特色产品的电子商务道路。首先，成立了三亚旅游商品研发中心，它将当地工艺、美术、历史、烹饪、市场影响等资源进行整合，对当地的旅游产品进行富有创意又贴近市场的重新设计，开发出具有当地特色的特产食品、旅游工艺品和纪念品。其次，依托当地市区的旅游购物中心以及旅游商品品牌专卖店，给游客良好的实地体验。而实体店又可以将顾客引流到旅游商品电子商务网站上，虚实结合，并与全国各地旅游商品批发市场合作，发展品牌加盟销售商。线上线下相互呼应，为游客游玩结束后依然能够方便地选购地道的旅游产品打通了渠道。

[分析]

三亚的这些旅游特色商品，通常被称作旅游商品，往往用以与旅游线路类的旅游产品相区分。本书中的旅游商品特指为了满足外来旅游者的需要而开发并销售，且主要为旅游者所购买的有形物品。基于此，符合旅游商品分类的商品应该遵循地域性原则、文化性与艺术性原则、便携性原则。旅游商品的电子商务是旅游商品销售的扩展渠道，目的是建立起游客对网上旅游商品的信赖，提升顾客的复购率。这需要在游客前来景区旅游时，就为留下深刻而良好的第一印象，让游客有一个良好的体验，这对游客回去之后的线上重复购买起到很重要的引导作用。

品牌旅游商品通过网络平台和线下店铺的经营，为顾客提供畅通的购买渠道。当地旅游商品通过电子商务和快递销往世界各地的同时，吸引游客不远千里来亲身游览的情况也经常发生。旅游商品不仅局限于游客在游览途中的短暂接触，还可以是游客出游前的一个推广，甚至有的旅游就是为了旅游商品而去的。南宁的中山路小吃和柳州的螺蛳粉，也足以吸引一些人开启广西之旅，旅游商品带给消费者更强的出游动力。

子项目一　了解旅游商品电子商务

【案例与解析】

山东省旅游局关于建立好客山东休闲汇千腾网山东省特色旅游商品电子商务平台的通知
鲁旅办发〔2011〕121号文件

　　为深入开展好客山东休闲汇活动，利用电子商务平台积极开展特色旅游商品网上优惠销售，实现我省旅游商品销售模式创新，进一步推广"好客山东"特色旅游商品文化，山东省旅游行业协会旅游商品分会已与北京泰岳千腾网络信息技术有限公司（千腾网 www.specl.com）建立战略合作关系，共同打造山东省特色旅游商品电子商务平台。

　　图9-1为山东省旅游商品电子商务交易平台的界面。

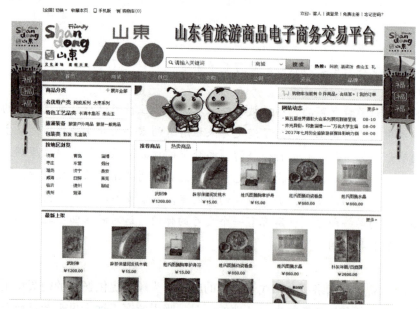

图9-1　山东省旅游商品电子商务交易平台首页

[解析]

　　旅游商品电子商务可以为旅游活动提升经济效益，还能增加消费者的反馈途径。倾听消费者不同的旅游需求，为根据消费者的不同兴趣设计不同的旅游产品和服务提供支撑。但是，旅游目的地在旅游商品与线路融合的方面还存在很多不足，还有待改进。

　　另外，借助旅游网平台销售产品的案例很多，例如，携程全球购礼品卡加专享商品、芒果旅游网积分商城、去哪儿网积分商城等这些知名的旅游电子商务网站通过栏目嵌入旅游商品购买链接。借着知名的景区和线路吸引消费者浏览网站，再延伸到具体旅游商品，提升了旅游胜地的收益，方便了消费者。

一些资料将旅游商品分为旅游工艺品类、旅游特色食品类、旅游茶品类、旅游丝织品类、旅游陶瓷类、旅游竹木品类、旅游个人装备品类、旅游纪念品类等类别。中国社会调查事务所在北京、天津、广州、武汉等城市的问卷调查显示，在接受调查的 1 000 名市民中，60%以上的外出旅游者肯定会带一些纪念品作为纪念。世界旅游观光协会市场研究预测机构的报告指出，世界旅游消费额每年高达 2 300 亿美元，其中 40%用于交通、住宿、就餐，60%用于购买各类旅游消费品。据统计，旅游购物收入在总的旅游收入中所占的比重，发达国家可达 60%以上，而世界平均水平也在 30%左右，但中国的旅游购物在旅游收入中的比重除了个别旅游购物较发达的城市外，一般情况下只占 20%左右。旅游购物作为一种"无限"的消费，在旅游产品的构成要素中其可挖掘的经济效益空间相对较大。但是，目前我国国内旅游购物的发展却举步维艰，那么，到底应该如何促进旅游者的旅游购物，这个问题值得我们进一步思考。

相对于单纯的产品本身，旅游者购物关注的多是旅游商品以外的东西，旅游商品背后蕴藏的文化等对旅游者来说有很大的吸引力。旅游购物体验是旅游者购物的潜在需求，旅游企业对此不能视而不见，而应该迎合旅游者的购物习惯和喜好，满足其需求，追求旅游者和企业的双赢。

一、旅游类平台上的旅游商品销售

一般情况下，人们通过旅游网站主要是查找旅游目的地的情况、成熟的旅游线路及相关的交通、住宿、餐饮信息，所以这些旅游信息的集合也是各种旅游电子商务网站的主要服务内容，专门以旅游商品为主题的购物网站很少。旅游商品电子商务接入旅游网站，或者参与到旅游体验互动中是当前的旅游商品销售的主要途径。

我们通过观察一些著名的旅游电商网站来寻找旅游商品电商的痕迹。例如，同程旅游网的界面，如图 9-2 所示。

在这些知名的旅游网站上，有些以栏目的形式链接到旅游商品交易区；有些是以积分商城的形式，把旅游线路和酒店及餐饮服务捆绑在一起作为赠送的旅游商品。以上方式都体现出旅游网站并没有把旅游商品作为网站的主打内容，甚至刻意回避旅游商品。所以，目前旅游商品的销售实现主要还体现在线下，旅游企业通过网站吸引游客前来当地游览，再通过线下完成旅游商品的销售。

图 9-2　同程旅游网的界面

携程网首页菜单中有一栏为全球购。随着国内居民收入的增加和居民生活水平的提高，很多游客选择了境外游，在领略异国他乡风情的同时，又可以搜罗当地特色旅游产品。携程网专门设置了全球购页面，按地区来进行名店推荐及优惠券推送，让游客在家中就了解并确定要去旅游目的地的名店，这势必增加游客到目的地的购物目标意识。对于游客来说，网站还提供退税服务，帮助游客节省时间与费用。图 9-3 为携程网的首页。

图 9-3　携程网的首页

在携程网完成票务预订和房间预订后，游客在旅行过程中可能还会对网站介绍的名店念念不忘，继而增加真实旅游过程中的购物活动。这样，携程网与旅游线路中当地的商场、店铺的合作联盟便存在着无限商机。

随着直播平台的快速发展，一些大的旅游商品电子商务平台开始与直播平台合作，对实景进行直播介绍，这样的营销手段网罗了年轻一代的旅游消费者，效果不错。如途牛与花椒直播合作，全程直播王祖蓝夫妇在马尔代夫见证集体婚礼的过程，当时引起了媒体极大关注；去哪儿网和斗鱼合作，请当红主播化身导游，带领网友们"游览"广州长隆等八大景区。在直播过程中，旅游商品电商的品牌可以通过赞助的形式自然而然地嵌入直播画面中。

借助旅游直播，旅游商品电商颠覆传统网络销售方式，以场景和体验式的形式在视频中展现旅游商品，创造了新的旅游商品销售格局。

二、零售业旅游商品销售平台：淘宝网的特色中国频道

在阿里进军旅游业的过程中，淘宝网建设了"特色中国"栏目（图9-4）。这个栏目是比较集中的依托淘宝来推进地方特色旅游商品的平台，它以销售特色旅游特产类商品为核心，与当时的阿里旅行（今天的飞猪）共同构成了阿里的旅游类电商板块。由于政府支持、地方欢迎、分地区分特色布局、构思清晰，"特色中国"的出现带来了一定的影响。淘宝网"特色中国"的优势在于其在国内电子商务领域已经树立起的品牌效应，这使得供求双方均对淘宝平台都产生一定的依赖。

图9-4　淘宝网的特色中国频道

三、旅游商品信息分享网站

在自媒体盛行的今天，论坛、博客、空间、微博等都成了旅游商品信息分享途径，虽然不直接实现交易，但这些平台上的图片和视频、文字以及语音的介绍都成为旅游商品营销的新渠道，实现了销售导流，效果显著。

微信在被广泛使用的过程中，突出体现了互联网经济的一个特点，就是分享。其中，旅游商品的分享效果特别明显。继旅游商品分享网站之后，微信公众号、朋友圈以及QQ群、微信群都成为旅游商品分享的阵地，促进旅游商务的实现。

在微信出现之前，在博客上分享旅游产品的人群较多。但在用户体验和互动上，在众多App中脱颖而出的则是微博（图9-5），机动灵活、能够突出特色，图文并茂，为看客增长知识，提升看客的购买欲。

图 9-5　微博上的旅游产品分享

子项目二　了解懒人经济下的旅游电子商务发展

【案例与解析】

很多北方人到广西旅游，回程时要把新鲜荔枝、龙眼和芒果作为伴手礼带回家乡是有一定困难的，毕竟运送这些时令水果运输成本高且不方便保存。另外，现代人也在逐步倾向轻松惬意的旅途，都不愿意在旅途中带过多东西。于是，近几年人们只需要通过淘宝或者微信下单，就会在回到家乡的当天，收到通过快递运送的这些新鲜礼品了。

购买旅游商品变得越来越便捷了。旅游商品销售商必须更加关注消费者的习惯和价值观的改变。比如，"90后"和"00后"，他们个性张扬，同时又追求安逸，他们追求高效，看重时间价值，这些新新人类通过网站挑选，比价下单，与老一辈千里迢迢带伴手礼回家相比，他们更习惯于等待着快递小哥送货上门。

［解析］

有人把这种现象称为"懒人经济"。生活在互联网时代，足不出户，购物、分享、社交、游戏、学习、工作都可以实现。每个人一台电脑，或是一部手机或其他终端设备，电子商务完全就可以实现。这个"懒"不是真正意义上的懒惰，而是专注于自己专业的领域和主要事情，不愿意浪费时间在性价比不高的事情上，旅游商品的电子商务也是"懒人经济"的一种组成。

一、旅游商品电子商务切入点

旅游产品电子商务不仅能够为消费者的旅途提供灵活的安排，使游客不必为行程规划、食宿安排等问题耗费大量时间，而且可以在旅行之后，让游客放心地选购当地特色产品。这一模式为匆忙的旅游行程节省了宝贵的时间，把更多时间用在享受旅途时光上。即使旅途结束后在家回忆起旅途中的点滴，想念旅途中的美食，也能直接网购喜欢的特色旅游产品，再次感受当时的滋味。

旅游活动中，客户有很多接触旅游商品的环节，如果旅游商品企业借此优势，找到更好服务"懒人"的资源整合方案，如在前端能够得到"懒人"的认可，这里的市场机会是非常多的。旅游商品电子商务为个人或家庭旅游免去整个旅游过程中各个环节的困扰，提供更加人性化的服务，必将获得市场的认可。

二、旅游商品博览会促进旅游商品电商

各地特色鲜明的旅游商品博览会在近年频频召开，如北京国际旅游商品及旅游装备博览会（图 9-6）、中国国际旅游商品博览会等。为旅游商品电子商务搭建了供需见面对接的机会。

北京国际旅游商品及旅游装备博览会是在国家旅游局和旅游协会的支持下，由北京市旅游发展委员会主办的。展会为企业搭建了展示交易平台，帮助企业宣传推广，吸引了全国旅游商品主管部门、相关行业协会、旅游商品研发、设计、生产、加工等企业的参加，促进了旅游产业链上企业的交流。

中国国际旅游商品博览会是由文化和旅游部、浙江省人民政府主办，中国旅游协会、浙江省旅游局、义乌市人民政府协办的亚洲最大的旅游商品及消费博览会，简称旅博会，第16 届中国国际旅游商品博览会于 2023 年 11 月 17 日至 19 日在云南昆明滇池国际会展中心召开，主题为"你好！中国"，旅博会意在促进旅游商品的创新，推动旅游商品交易达成。

图 9-6　第九届北京国际旅游商品及旅游装备博览会官方网站

相关旅游商品企业展现了高度的热情，参展的企业数量、交易额、采购商数量逐年提高，展会的内容也越来越丰富，不断涌现新的、富有创意的符合消费者新追求和新体验的旅游商品。

在电子商务的时代里，旅游商品电子商务正在形成良性循环，让交易变得越来越便捷，从而降低交易的成本，使得旅游商品企业可以在优质服务和商品创新上投入更多精力。

三、旅游商品销售渠道的融合

电子商务，相对于传统销售，是一种渠道创新。旅游服装则是旅游商品的一个典型类别。

在著名的景区古镇西塘，有一家"花制作"服饰企业，其全称为花制作原创民族服饰设计工作室。这个工作室从几个人的小公司做起，借助电子商务渠道，在短短几年时间内，已成为一家拥有设计部、生产部和十几家直营连锁店、淘宝店（图9-7）、阿里批发等多个部门且初具规模的公司，在全国60多个城市都有分销点。

"花制作"生产民族风和时尚感兼备的裙子和衣衫，精于剪裁和车工，得到了来西塘游览的游客们的喜爱。它们接受订单制作，服装特色与景区特色融为一体，它的服装成为西塘的一道风景，游客游览累了可以到店歇息，顺便挑选几件喜欢的民族风服饰，作为西塘旅游的纪念品，引领了一种旅游商品消费新趋势。

图9-7 "花制作"的淘宝页面

无独有偶，海宁忆田上服饰有限公司则是一家主营棉麻刺绣类民族风服饰的传统服装企业，其在早期就建立了自己的线下生活体验馆，并采用微博（图9-8）、移动网站等线上平台与线下连锁店相结合的方式，为消费者选购忆田上品牌服饰提供了诸多渠道。忆田上服饰的微博以图文并茂的形式分享旅途、谈心论情、参禅悟道，体现了浓浓的生活气息。而它的服饰风格也十分贴合当代人在快节奏生活压力下对自然轻松休闲慢生活向往的心情，对轻松和舒适感受的追求。

图 9-8　忆田上服饰品牌的微博页面

忆田上建设在风景区附近的实体店装修别具风格，给客人提供了一个近距离体会忆田上风格的空间。来光顾的客人能体会到设计者对美的追求，和制作者对绣工的技艺追求。特别地，忆田上的服饰结合了当代服饰设计，在细节上又融入中国传统刺绣元素，增添了设计新意。店里还安排了乐手随性演奏，营造一种温馨田园的氛围。这些小细节都会给顾客留下深刻的记忆。

四、大数据帮助企业探寻消费者对旅游商品的关注点

消费者是市场的终端，旅游商品的设计、研发、生产、销售以及流通都是围绕消费者开展的。消费者的需求是商家的动力。大数据时代，商家将通过手机端、电脑端和实体端对旅游者的需要、行踪和消费选择进行数据的收集和整理，从中研究探寻消费者对旅游商品的关注点。游客在景区选购了什么商品，商家将选购数量进行统计，再参考往年同一节日的人流量做好备货，分析天气等影响因素是否对产品销量产生影响，用量化的历史数据和预测数据做好妥善安排，提升游客对商品的美好体验。新技术和互联网的应用，使选购品种和频次等信息留下了数据痕迹，让数据收集整理和分析变得可行。

在旅游旺季，快速反应的动态化数据信息可以帮助生产商进行商品的更新设计。甚至

在这个过程中还可以引入游客参与，让游客对产品设计提出宝贵建议。拉长销售时空，出行前、游玩中和归去后，节日期间的景区各项旅游必备产品的供需之间会形成一个供需差距，通过数据反馈，对游客的需求进行有效供给，并适时引导消费，这是增加游客消费的有效方法。这样，尽可能实现旅游商品的供应，让游客的需要得到满足，就算不是最优，也可以让消费者获得次优的选择方案，并提出改进意见。这个过程实现了旅游商品资源供需的调配，让商家和消费者均能获益。

商家可以根据大数据信息，研发设计符合消费新时尚的旅游产品，这比盲目设计研发要更加精准。另外，企业还可以在研发设计中，请游客参与设计研发，提升新品的市场精准性。不同游客对商品的想法是不一样的，在电子商务领域，消费者的个性张扬，他们不管是单独出行、结伴出行，或者是单位集体旅游，都需要商家根据游客的特性需求快速整合旅游商品供应链，并在出行前、行程中和回去后做出快速反应。让游客到当地，对当地的旅游特色商品爱不释手，归去后还会多次反复通过电商渠道选购产品。

子项目三　了解不同类别旅游商品的电商

【案例与解析】

来自广西著名旅游城市百色市的一名大学毕业生，通过淘宝网的"特色中国"频道、微信的微店和朋友圈向来百色旅游的人群销售"百色香芒"（一种著名的芒果），建立了自己的营销渠道，获得了不错的销量。另外，部分商家通过预售的方式，将原来滞销的苹果在果子未熟之前就全部售罄，互联网创造了很多销售奇迹。

［解析］

互联网时代已经到来，网络营销对旅游商品销售来说越来越重要了。旅游商品的互联网销售模式正改变着消费者的旅游习惯，它在传统的旅游商品营销基础上开辟了新的路径。

一、互联网旅游商品开发

互联网构建了广泛的社会关系网络平台，基于这个平台，全新的营销方式产生了。随着4G、5G网络的推广，手机端逐步超过电脑端，已经成为消费者购买旅游商品的主要途径。

互联网旅游产品价值主要有四点。第一，为商家和消费者提供了各自所需要的信息服务，降低了搜寻成本。第二，体现了现代社会的购物生活方式，促进了快递业的发展。第三，地域扩大，虚拟空间缩小，丰富了商品类别。第四，行业里实现了兼并和融合，形成较完整的旅游产品链。

旅游产品通过互联网实现销售无边界，旅游商品平台承前启后，不断创新。旅游商品微店，基于微信、微博的微营销，具有独有的互动性、快捷性、自主选择性、强大的影响力和信赖性等特点。互联网渠道更方便消费者多渠道搜集旅游商品信息来进行比对和做出决策。基于此，互联网旅游商品运营商行业在不断壮大。

城市化进程催生了乡村新产品，如土鸡蛋、鸭蛋、鹅蛋。土特产等乡村产品是指凭借乡村地区独特的自然生态景观、特有民俗风情，依靠农业生产、农舍村落等资源，为城市以及外来游客提供的特色商品。土特产带有浓重的区域性，又有对资源环境的特殊要求。土特产体现了乡村观光农业旅游、乡村民俗文化风情旅游、乡村休闲度假旅游和乡村自然生态旅游的特色。这种旅游新产品满足了人们渴望回归自然、感受清新、接触田园、寻找自由的需求。

河南省辉县市乌龙山野生动物园借当地山区地貌，引进老虎、熊、狐狸、狼、山羊等动物，打造了远离城市的野生动物园，吸引了周边游客来园观光。借助美团网、大众点评等网站进行优惠票的销售，游客络绎不绝。山上的核桃、山楂、酸枣在景区附近的儿童游乐场和滑雪场等项目的带动下，上市就供不应求。该景区还适应时节不断推出新活动，如杂技表演、菊花展等活动得到了游客的青睐。在乌龙山项目带动下，景区周边的各种特色旅游商品也随着繁荣起来，当地由原来的穷乡僻壤变成了如今的富饶新农村。

在距离乌龙山不远的另外一个村庄，搞起了民俗文化体验馆，村民们将园区内种植上各种瓜果树木，在瓜果成熟季节开展采摘旅游的体验活动。这种民俗文化馆吸引人们来此参观了解过去的农耕文化以及农耕器具，目前人气还不旺。但其在一些节日里会推出灯盏活动，这些活动赢得了游客们的赞赏。如果民俗文化馆能够借助互联网，加大宣传推广，应该会有很好的效果。园区的葡萄、甜瓜、西瓜等水果和特色农产品也会以新的方式来进行采摘或销售。

在政府引导下，农户主导、抓住市场机会的乡村旅游商品借助互联网新营销的机遇并与传统营销相结合，产生了很好的效果。国家旅游局在《中国旅游业"十二五"旅游规划发展纲要》中鼓励旅游商家在各种专业的网络媒体频道、互联网门户与自媒体平台比开展旅游营销，并针对其服务客户群特征，组织各种各样的在线商品营销活动，提高商品营销内容的影响力和辐射力，降低营销成本。时下，微营销成为乡村旅游商品发展的重要营销渠道。

旅游商品网络营销是一个动态过程，微营销通过互联网平台，利用大数据，了解市场需求，完善产品设计，强化信息传播，提高形象塑造能力，节约成本，降低了投资局限性。

旅游特色商品加上引人入胜的旅游故事、富有内涵的文化建设、旅游相关资源的深度整合、相应资金的投入会有助于互联网旅游商品的开发。乡村旅游商品已然成为大众消费的新亮点。

二、特色旅游商品电子商务

景区构建在大量资本投资之后开始固化，持续的旅游商品开发及营销和推广，是景区经济广泛的外溢效应。旅游商品最好要体现景区的特色。第一，故事化营销，借助商品提升景区品质，创建多 A 级景区。这需要在天然的自然环境下进行加工和维护，打造软环境。第二，旅游商品与节日活动结合起来，深挖景区文化内涵，体现景区特色。第三，单一旅游商品应注重与各种特色旅游资源的深度融合，搭建起景区完整的旅游体验供应链。

电子商务促进了特色旅游商品交易的实现。第一，精准定位目标客户。通过社交网络，企业可以掌握相关用户的公开数据，挖掘相关价值信息，如年龄、性别、工资等，并通过共享内容，获取相应的喜好、消费方式和购买能力等深层次信息。利用互联网、手机移动端自动定位功能，了解用户地理位置，为营销活动的开展提供导向，进而采取有针对性的营销，使旅游商品营销更精准。第二，构建良好的用户关系网。网络平台增强了用户和企业之间的互动，经营者向用户提供企业的相关特色产品信息，解答用户对特色产品的疑惑与问题，并且对相关信息进行及时的反馈与沟通，维护用户利益。树立"用户不仅是消费者，更可能成为企业特色旅游产品的宣传者"的服务营销理念，企业可以利用相关数据分析，找到意见领袖，从而能够收获更好的营销效果。第三，特色旅游商品营销体现高效性。电脑、手机接入互联网，实现了交流信息随时随地传递。目标用户获取信息的概率增大，营销效率增加，带来了营销实绩。第四，电子商务使旅游数据挖掘和品牌创立的成本大大降低了。

特色旅游商品必须在"特"上下功夫，围绕旅游主体即游客经济收入、闲暇时间、生活方式等，开发特色旅游商品。例如，上海迪士尼乐园开发了多种周边产品，如卡通玩具、图书、音像、服装、鞋帽及装饰品等，这些特色旅游商品深受小朋友的喜欢，还吸引了很多年轻人在游玩时争相购买并分享到社交软件。

特色旅游商品的电子商务对旅游商品销售起到了增强营销效果的作用。特色旅游商品通过互联网世界传播、交流，快速、精准地将特色旅游商品信息推向市场。

三、旅游商品电子商务品牌化

旅游商品电子商务品牌化的目的是用品牌的力量将质量较好的旅游商品与市场中的其他的同类商品区分开来。在品牌营销过程中，企业要注意追踪客户的反馈，及时与客户进行沟通交流，了解客户需求，落实问题来源，改善旅游产品，从根本上降低客户不满意度。在网络信息洪流中，注意树立鲜明的旅游商品电子商务品牌，提高辨识度，保持特色，发挥电子商务产品宣传的正面作用，促进旅游商品电子商务的长远发展。

企业通过电子商务来推广旅游商品品牌，应注重对资料的甄别和组织。在信息搜集过程中，应力求信息资料简洁明了、特色鲜明、真实有效，并建立科学的数据分析研究系统，根据游客群体特点，满足目标用户多样化的需求。

旅游商品好坏来源于游客的体验，旅游商品电子商务品牌的创立，也需要从游客体验出发，鼓励游客提供宣传资料，从客户视角展示看点。电子商务品牌运营方需要对用户信息进行资料预审查和预设计，力求旅游商品形象准确、稳定。

针对品牌运营举措，需要建立一套合理、科学的评价指标，评价营销成果，提高营销效率。应不断识别，不断进行"判断再调整"，实现电子商务营销绩效评价，完善互联网世界的品牌放大效能。

旅游商品电子商务可以与智慧旅游融合，减少游客负重，实现游客选购后用快递方式实现"好货到家"。旅游商品发展前景广阔，面对不断扩大的旅游市场需求，企业需要探索旅游商品电子商务的新模式，重视资料的甄别与品牌形象的维护，顺应场景化的互联网营销趋势，契合旅游在路上的状态，结合传统营销方式，突出特色，使游客在旅游前、旅游中和旅游后都可以选购到喜欢的旅游商品，争取建立更大的发展空间。

子项目四　掌握旅游商品电子商务化运作

【案例与解析】

这是一个青年设计师的故事。为了让家乡的非物质文化遗产——夏布发扬光大，他创建了"上布素麻"，建立跨界设计工坊。他用现代设计理念让凋敝的夏布工艺传承下去，让夏布文化活跃起来。他试图整合文化人、设计师、艺术家、夏布师傅、民艺爱好者、媒体人到设计工坊，交流探讨，构建关注夏布生活方式的社群。

这位青年设计师就是杨磊。作为中国建筑设计研究院的一名设计师和"上布素麻"的品牌创始人，他在众筹网开启众筹项目"我计划筹建一个跨界设计工坊，让一块有故事、有生命的布重生"。

[解析]

众筹作为一种聚少成多的筹款形式，近年来被广泛应用，旅游商品的推广和项目资金的筹集中应用众筹充满了新意。但是这种模式需要结合故事、设计和软文来推广，从而实现营销组合和品牌形象定位。

运用互联网思维进行旅游商品电子商务化运作，是旅游商品经营创新的最佳途径，也是未来旅游业重要的经济增长点。

一、旅游商品电子商务的微商模式

得益于现代通信技术的发展和终端设备的改良，移动电商通过五花八门的手机软件得以实现。微商模式是基于腾讯旗下的微信来开展营销的一种模式。微信技术仍在不断完善，陆续有新的功能出现。旅游商品电子商务的微商模式还需要具体网络信息资源的支撑，才能达到预期效果。

微信作为一个新渠道，以一个点带动面，无论是社群还是与游客的点对点沟通，强大的资源整合能力都能够全方面满足顾客的需求。实时动态分享是微信的优势，旅游商品电子商务的微商模式需要充分发挥微信的这一功能优势。微商模式运作需要既懂旅游商品企业运营和旅游商品产业政策法规，又精通微信功能的微商运营技术的人才。

国内目前已有的微商模式有有赞微商城（图9-9）、微小店、快刻商城等。有赞专注移动社交电商，提供开发和维护服务，还可以提供线下的物流和论坛服务。甚至还可以针对商家提供订制服务。旅游商品电子商务微商模式可以基于有赞微商城开辟的手机端网店展开。

图9-9　有赞微商城

目前，人们大部分的休闲时间都用在了智能手机上面，社交电商已经成为潮流，旅游商品的移动电商自然不会放弃这个机遇。

二、旅游商品电商平台模式

旅游商品的销售很多是通过企业自主平台或者第三方电商平台进行的。

旅游商品企业网站中一般需要展示大量的视频声像资料、商品图片风光、风土人情介绍以及散文游记等内容，以吸引游客选购。

除了企业网站，另一种网络营销方式是借助淘宝网。例如，有一家时尚民族饰品店铺销售天然黄玉花生钥匙扣（见图9-10），店铺页面整体设计专业、真实、简洁。店铺页面的顶端显示出店铺的休闲风格。产品主图清晰，产品不大却也精致美丽，而且价格很有冲击力，在宝贝详情里还具体说明和展示了产品的寓意和产品多维度的图片。但是该产品的购买者并不多，可见顾客一般不会单独购买这种旅游小饰品，商家还需要将其与旅游项目等结合起来进行联合销售，才能实现利益最大化。

图 9-10　馨艺轩时尚民族饰品的淘宝页面

　　下面介绍一个比较成功的案例。周庄旅游网（图 9-11）是周庄政府力推的周庄旅游形象展示平台。周庄自 2001 年被列为联合国世界历史文化遗传名录预备清单以来，作为国家 AAAAA 级旅游名胜区，向世界展示中国文化，每年吸引超过 250 万人前来观光、休闲和度假。在众多的游客当中，不少人正是通过周庄旅游网来了解和关注周庄的，特别是关注周庄旅游网发布的各种产品信息和图片。游客来到周庄，往往都会选购一些设计精美、独具特色，又价格低廉的钥匙扣等小饰品。

图 9-11　周庄旅游网界面

三、旅游商品电子商务的推广与运营

　　媒体能够影响公众意识、民众情感，并最终得到公众的充分理解和认知。旅游网站通过对旅游地形象的多重展现，让游客产生一种多元化和全方位的渴望游览的遐想。当游客慕名而来，人流量增加之后，旅游商品电子商务网站就能很好地开展推广和运营，当地的旅游商品销售也能得到提升。

　　旅游商品电子商务"寄居"在旅游网站中，只有把网站运营好，旅游商品才能增加曝光量和浏览量，以及线上销售转化率。

在宣传资料的选择上，可以集结和发挥游客资源，捕捉众多游客购买旅游商品的镜头，后期再进行美化处理，游客参观、选购旅游商品的这些图片会成为最客观、公正的宣传推广资本。旅游商品企业可以邀请摄影爱好者来拍摄景区及商品，组织宣传推广活动。

在旅游节期间借助新闻场景和公众人物来推广旅游商品，突出场景类照片，直观形象地向受众传达旅游商品信息。注重名人效应，定期邀请明星来游览，或者引入剧组入驻拍摄，这会大大提升景区的吸引力。浙江湖州安吉景区正是因为电影卧虎藏龙的上映一下子就火了。此外，旅游商品企业应积极参与评比活动，提高知名度和美誉度。

挖掘想关注和表达的主题，准确找出销售中的卖点：或是民俗风情活动、手工艺制作场景，或是传统建筑细节、美食、手工艺术品、土特产，或是石雕、画作等。这些主要体现为人物、景观特写和场景。突出发生在旅游目的地的故事和人物也是一种推广主题，如周庄旅游网通过展示古戏台看戏的古镇人，石板小街行走的一家人的画作等来表达古镇淳朴、温馨、静谧的神韵。

以景区为中心的全域旅游发展，不仅能将当地产品集中在一起，甚至还能将远方的旅游商品也会集聚于此，再辐射远方。以景动人，以人动情，全域旅游带动特色旅游商品集聚，通过电商手段再实现商品设计、生产、销售流通的全过程，最终完成互联网销售是旅游商品发展的必然趋势。

四、旅游商品细分市场的电子商务

美国西北大学菲力普·科特勒教授认为，市场细分是根据不同需要、特点和行为对购买者群体进行区分，并对不同的消费群体制定不同的市场营销组合策略。

旅游商品电子商务细分市场按照不同标准，有很多分类，引起关注的主要有旅游装备商品市场、旅游文化装饰类商品市场、大学生旅游商品市场、婚庆旅游商品市场、不同年龄结构的细分市场等。下面将对这几个主要类别分别进行阐述。

第一部分，旅游装备类市场。例如，旅游箱、野营帐篷、登山杖、墨镜、背包、服装等。随着生产力水平的提高，人们闲暇时间增多，旅游成为一种时尚，围绕旅游的装备类物品成为游客的新需求。商家运用好价格、品牌、功能等组合销售策略，借助电子商务推广销售。

第二部分，旅游文化装饰类市场。例如，宗教文化类。我国宗教文化历史悠久，宗教文化圣地更是数不胜数，如九华山、普陀山、无锡太湖灵山、杭州灵隐寺、北京雍和宫等。完成宗教文化类旅游市场细分之后，了解不同游客的需求，才能更好地开展宗教旅游商品的电子商务。而宗教旅游商品的电子商务需要分析游客的不同动机进行商品设计推广，宗教旅游景区和旅游企业可以制定精准的营销定位策略，开发符合市场的新商品，更好满足宗教游客的服务需求，提高旅游商品的竞争力。

第三部分，大学生旅游商品市场。大学生休闲时间相对较多，相关调查显示，大学生出游具有以下特征：一是花费少，二是当天往返或选择节假日出行，三是与同学结伴出行。企业对于这个细分的策略是尽量设计有助于学习的文化用品类，如文房四宝——笔、墨、纸、砚。网络媒介和亲友推荐是大学生获取旅游资讯的主要渠道。充电宝、电子类产品、新功能产品都可以作为吸引大学生的特色产品。

第四部分，婚庆旅游商品市场。一些比较有特色的同心锁、纪念树、纪念碑、爱情鸽等都是婚庆旅游商品的不错选择。婚庆旅游商品电子商务需要注重文化创意和包装，加强促销、宣传、公共关系和事件营销，利用微博、社交网络为载体，重点宣传商品寓意，走品牌化道路，提供高质量的服务，关注客户的内心感受和满意度，与顾客建立起互动的盟友关系，将企业产品或品牌理念灌输给顾客，维持客户对品牌的忠诚度。

第五部分，按不同年龄结构划分的细分品类。年龄是人口学的一个变量，年龄影响着消费偏好、商品选择。按旅游者年龄结构类型的中位年龄划分标准（35岁以下，35~45岁，45岁以上）进行划分，分别可分为年轻型、成年型和老年型的旅游市场。未来旅游商品设计应先进行市场细分和定位，不同人群使用网络的习惯和频率是不同的。那么电商在市场开发中就需要有针对性地采用电商和传统推广相结合的方式实施营销。

对旅游商品进行市场细分有利于开发设计更加符合小众需要的旅游商品，根据长尾理论，只要市场足够大，小众需求也会聚少成多，同样足以实现规模经营。在互联网和大数据背景下，服务至上在从大市场前提下小众分流，旅游商品电子商务个性化和多元化的特点会越来越突出。未来旅游商品电子商务结合，将与旅游深度融合，借助现代网络技术，手机端和电脑端以及景区销售现场，线上线下相互辉映，更好地满足游客对商品的需求，让旅游变得真正轻松自在。

【任务9-1】

电商平台建设实践

尝试注册淘宝店铺，并上架一样旅游商品。

项目十　体验分享——旅游业网络营销

教学目标

1. 了解旅游网络营销的现状和发展趋势；
2. 掌握搜索引擎营销方法并能熟练应用；
3. 掌握短视频营销方法并能熟练应用；
4. 掌握软文营销方法并能熟练应用。

小试牛刀

列举一个你认为比较好的旅游营销案例，并说明原因。

_____

_____

_____

_____

_____

同课程分段式教学建议

　　本章涉及当前旅游业营销的多个方面，特别是有关社交平台、自媒体建设等多种内容，建议教师通过旅游体验师的角度来完成本章的教学与实践。建议邀请网络达人参与课堂教学，向学生推荐旅游类网站、短视频以及公众号账号，让学生深刻感受旅游网络营销的几个常见方法，并辅以项目进行实战应用。

旅游业网络营销

导入案例

从跟团游到现在个性化、智慧化的自助旅游，旅游行业的营销在不断升级，有人说旅游营销4.0时代正式到来！最显著的特征之一是，旅游消费者正在快速地向移动端迁移，引领着旅游新时代的消费潮流；他们追求娱乐与新奇、拥有更为国际化的视角和接受多元文化的心态，同时还钟情于中国传统文化元素；最重要的是他们拥有可观的消费能力、从小养成的互联网消费习惯以及追求品质的品牌消费观。

移动端不仅给消费者带来便利，也给消费者带来旅游活动中的新体验：社交化分享，微博、微信以及短视频、直播等不同的分享形式，让旅行者有了更多的乐趣。旅游相关的各个产业如何根据社会化分享时代特点，抓住这群人，将自己的营销策略也同步升级呢？以广西奥美全媒体中心（以下简称"奥美"）为例，这家公司业务范围为品牌的整体包装推广、旅游营销、活动策划、项目包装推广等，其社会化媒体工具积累了大量旅游信息关注者（粉丝），专注于广西旅游营销市场。受新冠疫情影响，2020年游客、消费者出不了门，没有了线下门店销售的支撑，线上推广、引流、营销就变成了至关重要的突破口。奥美迅速调整营销策略，开辟了以旅游短视频营销为重点、直播推广全面配合，帮助企业开展全媒体代运营等服务项目，以"奥美圈"等优秀营销工具为基础，重视用户群的迁移，并从运营技术上突破私域流量与公域流量的鸿沟，为商家打造全新的营销场景和运营模式。依托"抖音""小红书""微博"等网络平台，为众多旅游企业提供了新场景、新介质的营销支持。例如，他们策划的"河南灵宝苹果助农"的行动、"广西北海旅游手信推广"活动，通过在旅游商品原产地开展短视频推广与直播助农活动，宣传了当地的旅游目的地、旅游产品，短视频播放量累计点击率超过500万，采摘直播在线观看人数近15万，点赞评论互动2万余条，带货销售额近百万元。

[解析]

从上面的案例我们可以看到，视频渠道靠口碑传播，以内容、创意为核心，它是向消费者展示精细策划的视频内容，来实现产品营销与品牌传播目的的。这其中营销场景最大的变化是从以品牌为中心转向以消费者为中心，让消费者参与到互动中并自然接受商家提供的信息，变成浸入式地自我探索，追寻满足感，并成为相关的更多新产品的消费者。

旅游营销4.0时代，我们可以将其理解为优质创意内容创造全新的营销场景+多种营销手段结合旅行场景的营销策略整合+优质传播渠道助力的营销时代。制作好的内容，再选择有效的手段，通过覆盖面足够大的渠道，跳出传统的品牌营销理念和圈层，用场景感染用户，引发用户的购买行为。

子项目一 了解旅游网络营销的现状和发展趋势

【案例与解析】

"Next Idea×故宫"创新大赛——穿越故宫来看你

腾讯与故宫合作举办"Next Idea×故宫"创新大赛,大赛推出《穿越故宫来看你》的短片作为邀请函,该短片上线仅一天访问量就突破300万。此短片将故宫与新生代事物相结合,以皇帝穿越为主题,音乐采用说唱风格,互动性非常强。这已不是故宫淘宝第一次刷屏,卖得了萌要得了宝,故宫淘宝已成为社交媒体上一大焦点。图10-1为"Next Idea×故宫"创新大赛海报。

图10-1 "Next Idea×故宫"创新大赛海报

[解析]

Next Idea新文创大赛是面向青年的文化符号打造计划,致力于以新文创的方式活化传统文化,将千年文化创新地传承到下一个千年。自2016年起,Next Idea联合故宫博物院、敦煌研究院、秦始皇帝陵博物院、九省博物馆及法国博物馆联合会等顶尖文博单位发起一系列用青年创意和现代科技活化传统文化的相关项目,让中国文化瑰宝焕发新生,让近百件创意文物与最受年轻人欢迎的影视、音乐、游戏、文学等形式全方位融合,通过"新文创"模式,让传统走进现代,也让现代融入"古的idea"。

一、旅游网络营销

1. 旅游网络营销内涵

旅游网络营销不同于传统的旅游市场营销,它是指旅游企业以电子信息技术为基础,以计算机网络为媒介和手段,而进行的各种营销活动。一方面,网络营销要针对新兴的网上市场,及时了解和把握网上虚拟市场的旅游消费者特征和旅游消费者行为模式的变化,为企业在网上虚拟市场开展营销活动提供可靠的数据分析和营销依据；另一方面，网络营销在网上虚拟市场开展营销活动，可以实现旅游企业的业绩目标。网络营销一般需要借助官方网站、各种社交平台、电商平台、网络社区等网络平台来进行。企业营销的理念和内容则通过策划的活动、营销图片和文案作为载体来实现传播。

2. 旅游网络营销特点

（1）跨时空。互联网具有超越时空进行信息交换的特性，借助计算机网络，旅游企业能用更多时间和更大的空间进行营销活动，可每周 7 天、每天 24 小时随时随地进行全球性营销活动。

（2）交互式。旅游企业可以在网络上适时发布产品或服务信息，消费者则可根据旅游产品信息在任何线上或线下进行咨询或购买，从而完成交互式交易活动。另外，网络营销使供求双方的直接沟通得以实现，从而使营销活动更加有效。

（3）拟人化。互联网上的促销是一对一的、理性的、消费者主导的、非强迫性的、循序渐进式的，而且是一种低成本与人性化的促销，消费者能够避免受推销员强势推销的干扰而影响自己的判断。通过信息提供与交互式交谈，旅游企业能与消费者建立一种长期、良好的关系。

（4）高效性。计算机可以储存大量的信息，通过网络、计算机可传送的信息数量与精确度，远超过其他方式，并且它能适应市场需求，及时更新产品或调整价格。因此，网络营销能及时有效地帮助企业了解并满足顾客的需求。

（5）成长性。互联网使用者数量快速增长并遍及全球，使用者多为年轻、中产阶级、高学历，由于这部分群体购买力强而且具有很强市场影响力，因此，网络销售是一条极具开发潜力的市场渠道。

（6）整合性。互联网上的营销可将售前、售中、售后服务串联，一气呵成，因此，也是一种全程的营销渠道；另外，企业可以借助互联网将不同的传播营销活动进行统一设计规划和协调，以统一的口径向消费者传达，避免不同传播渠道中信息不一致而产生的消极影响。

（7）经济性。经济性主要表现在：①没有店面租金成本；②节省库存费用；③网上营销实际上是一种直销方式，可以减少商品流通的中间环节，降低营销成本；④结算成本低。

（8）定制化。定制化有助于实现以消费者为中心的新的营销理念。企业提供的各有关销售信息可以在服务器集中存储，但它们仍然能独立运行、存入或输出。通过大数据技术，旅游商品企业可根据消费者个性化的需求为其定制商品或服务。

（9）个性化。网络营销个性化是指销售商使网络站点、电子信件以及其他经营活动适合个体客户的需要，适应不同年龄、地点和不同爱好的个体消费者。网络营销要以消费者个体为中心，这是网络经济的营销思想，也是现代市场的营销思想。这一经营思想要求企业以满足消费者个体需求为出发点来进行的企业营销。

二、旅游网络营销的现状

我国旅游网络营销正在迅速发展。据统计，我国在线旅游业每年以30%的速度迅速成长，许多旅游企业都展开了相应的网络营销。从我国旅游网站发展现状来看，我们可以将其大致分为两种类型：一是通过第三方服务提供商开展的网络营销，其中最具代表的是携程网、去哪儿网和飞猪旅行网，它们占据了我国大部分的旅游线上预订市场；其次是途牛、马蜂窝、艺龙等服务商。二是旅游企业自行组建的旅游网站开展的网络营销，它们除了提供旅游信息查询和咨询服务，也开发了门票、住宿等的旅游产品在线预订服务，旅游网站的功能在日渐多样化。

我国旅游网络营销现状如下：

1. 旅游景区网站建设仍需进一步完善

旅游网站作为游客了解旅游景区、旅游企业信息的一个窗口，其功能性显得极为重要。虽然旅游网站较之以前，其功能日渐多样化，但仍然不足以满足消费者的需求。例如，某些旅游网站，其网站首页分列"资讯网""商务网"，资讯网的导航条上包括旅游资讯、景点文化、风光欣赏、旅游指南、交通指南、导游、旅游投诉等，为有旅游意向的访问者提供较为全面的信息需求；商务网的导航条上则凸显票务、酒店、商品。但是浏览者细看就会发现，只有票务可以实现预订功能。酒店和商品栏目，目前还是空白，处于建设中的状态。网站的订购支付系统，只支持两家银行支付，消费者有可能会因为支付不方便而降低了消费体验。因此，专业的旅游网站建设仍需进一步完善，可以让旅游者实现一站式预订，支付方式应兼顾安全性和普及度，增加7×24小时在线的智能客服服务。

2. 第三方服务提供商线上推广力度大

旅游出行类App在移动互联网用户中占比为31.1%，携程、马蜂窝和去哪儿网等头部旅游App非常重视移动广告的投放。在ADinsight 2018年6月的移动应用广告投放计划排行Top100中，有5家（占比5%）为旅游出行类App，其中携程、马蜂窝和去哪儿的投放计划数均超过500个，投放素材数均超过2 000个。携程网和去哪儿以领先优势占据在线旅游超过一半的市场份额（占比53.6%），这与其大量的广告投放有着密不可分的关系。在进行广告投放的20余款App中，超过80%的广告素材与旅游的门票价格、出行价格（机票、火车票）、住宿价格密切相关，这些素材的宣传文案几乎都包含了"特价""低价""省钱""早鸟票""全额退款"等字样。

3. 网络营销方式多样，有效的营销模式仍在探索中

当下的网络营销有多种方式，比如，有微博营销、网络社区营销等。微博营销，大多是旅行者写的一些游记或者旅游故事，创意的标题、有趣的描述、唯美的影像能给浏览者带来景区场景的直观体验，但这类博主群体数量相对较少，且具有一定的分散性。网络社

区营销，其优势在于方便供需互动与交流，但其中讨论的话题繁杂，在一定程度上会冲淡潜在客户对旅游的关注和气氛。景区网站有的会设置与游客互动的板块，但是由于网站信息更新不及时，访问量下降，未能充分利用这一渠道进行营销，从而失去了许多机会。因此，目前有待寻找更为有效的营销机制，以期获得更好的营销效果。

三、旅游网络营销的发展趋势

1. 注重引导消费者的互动

互联网时代的一个显著特征在于，人人皆拥有发声的平台，即"麦克风效应"。鉴于此，与旅游者（消费者）进行高质量的互动变得尤为重要。为实现这一目标，可以积极培育旅游领域的博主、播客等自媒体从业者，同时设立论坛并指派管理员，以便与旅游者进行广泛而有效的信息交流。此外，还需将这些有价值的信息和数据传递给相关部门，以此增强旅游网络营销的实际效果。

2. 个性化服务将成为网络营销的亮点

通过先进的大数据分析和人工智能技术，旅游企业能够深入挖掘并精准分析用户的个性化偏好、消费习惯以及旅行模式，进而构建出细致入微的用户画像。这些画像不仅涵盖了用户的年龄、性别、地理位置等基本信息，还深入到了用户的兴趣偏好、历史旅游行为、预算范围乃至对特定服务的偏好等多个维度。基于这些详尽的数据洞察，旅游企业能够高度定制化地为用户推送符合其个人需求和偏好的旅游产品，无论是热门景点、特色住宿、美食推荐，还是个性化的行程规划，都能做到有的放矢，极大地提升了用户体验的满意度和忠诚度。同时，这种精准营销策略还有助于优化旅游资源的配置，提高营销效率，促进旅游业的可持续发展。

3. "文化赋值、技术赋能"为旅游网络营销注入源源不断的生命力

深入挖掘旅游文化内涵，是构建独特旅游吸引力的核心所在。这意味着要细致研究地域的历史背景、民俗风情、传统艺术、自然景观等多方面的文化元素，将这些丰富的文化资源与现代旅游需求相结合，赋予旅游产品更深层次的意义和价值。在此基础上，借助现代科技手段，如虚拟现实（VR）、增强现实（AR）、人工智能（AI）、大数据分析等，对旅游资源和旅游产品进行创造性提升和智能化改造，不仅能够为游客带来前所未有的沉浸式体验，还能有效提升旅游目的地的知名度和吸引力。

例如，通过 VR 技术重现历史场景，让游客仿佛穿越时空，亲身体验古代文明的辉煌；利用 AR 技术，在自然景观中叠加互动信息，使游客在欣赏美景的同时，获取更多有趣的知识和故事；借助 AI 技术，实现个性化行程规划和智能导览，提升游客的便利性和满意度。这些创新应用不仅丰富了旅游体验，也为打造具有独特魅力的旅游 IP 奠定了坚实基础。

最终，通过这一系列的文化挖掘和技术创新，可以成功塑造出具有鲜明特色和高度辨

识度的旅游品牌形象，完成旅游品牌营销的战略目标。这不仅能够吸引更多的国内外游客，促进旅游业的繁荣发展，还能有效提升地区文化软实力，为地方经济的多元化发展注入新的活力。

子项目二　了解搜索引擎营销

【案例与解析】

携程在手，说走就走

携程"携程在手，说走就走"的广告词不仅家喻户晓，更关键的是深入人心。携程已然成了中国国民出行参考与解决方案的首选。中国产业信息网发布的《2015—2022年中国连锁酒店市场评估及未来发展趋势研究报告》显示，携程及其控股的去哪儿网和艺龙三大OTA平台合计占据2015年在线酒店交易市场份额超过70%，在机票预订市场总交易规模的占比高达51.7%。携程这句洒脱的"说走就走"所呈现的，不仅仅是其想为顾客提供优质服务、让旅行在中国社会变得更简单的愿望，更多的是携程围绕这句话所展开的一系列的营销活动，从产品的一站式打造、渠道的设置再到价格的处理，无不体现着携程在在线旅游市场的领头羊位置。

[解析]

携程度假搜索引擎是一个专注在旅游行业的垂直搜索引擎，用来查找符合从出发地到目的地的相关旅游产品（跟团、自由行、邮轮、游学、主题游等），是一个典型的O2O搜索引擎。携程通过从网站到移动客户端的全平台覆盖，以自有技术为驱动，随时随地地为旅游服务供应商和旅行者提供专业的产品与服务。凭借其便捷、先进的智能搜索技术对互联网上的旅行信息进行整合，携程的产品与服务覆盖国内外机票、酒店、度假、门票、租车、接送机、火车票、汽车票和团购等多个领域，构建起一个融合线上、线下全价值链的在线旅游服务生态系统，持续提升用户的旅行品质。

一、搜索引擎营销

1. 搜索引擎营销的内涵

搜索引擎营销（search engine marketing）是基于搜索引擎平台的网络营销，它利用人们对搜索引擎的依赖和使用习惯，在人们检索信息的时候将信息传递给目标用户。搜索引擎营销的基本思想是让用户发现信息并通过点击进入相关网页，进一步了解所需要的信息。企业通过向搜索引擎平台付费推广，让用户可以直接与公司客服进行交流，从而实现交易。

2. 搜索引擎营销的基本要素

要实现搜索引擎营销推广，需要有五个基本要素：信息源（网页）、搜索引擎信息索引数据库、用户的检索行为和检索结果、用户对检索结果的分析判断、对选中检索结果的点击。对这些要素以及搜索引擎推广信息传递过程的研究和有效实现就构成了搜索引擎推广的基本任务和内容。

二、搜索引擎的营销方法

搜索引擎营销方法可以归纳为三种形式，即竞价排名、购买关键词广告以及搜索引擎优化。另外，其实很多形式的搜索引擎营销服务都是在这三种基本形式的基础上演变而来的。因此，对这些基本形式的研究是应用各种网络营销方法的基础。

1. 竞价排名

企业向搜索引擎平台付费后，其关键词才能被搜索引擎收录，付费越高者排名越靠前。竞价排名服务，是由客户为自己的网页购买关键字排名，并按点击量计费的一种服务。客户可以通过调整每次点击付费的价格，从而控制自己在特定关键字搜索结果中的排名，并可以通过设定不同的关键词捕捉到不同类型的目标访问者。值得一提的是，即使是做了点击收费广告和竞价排名，最好也应该对自己的网站进行搜索引擎优化设计，并将网站链接到各大免费的搜索引擎中。

2. 购买关键词广告

企业还在搜索结果页面显示广告内容，实现高级定位投放，企业可以根据需要更换关键词，相当于在不同页面轮换投放广告。关键词广告有以下特点：

（1）关键词广告形式比较简单。这种广告形式通常是文字广告，文字广告主要内容包括广告标题、简介和网址等因素。

（2）关键词广告的显示方法比较合理。出现形式与搜索结果分离，一般不影响后者的结果展示。

（3）关键词广告一般采用点击付费计价，费用可控。

（4）关键词广告可以随时查看流量统计。企业购买广告之后将获得一个管理入口，可以实时地查看广告流量情况和费用情况。

（5）关键词广告可以方便地进行管理。企业可以根据统计的关键情况和竞争对手情况来调整自己的广告策略。

3. 搜索引擎优化（SEO）

企业通过对网站优化设计，使得网站在搜索结果中排名靠前。SEO还包括网站内容优化、关键词优化、外部链接优化、内部链接优化、代码优化、图片优化、搜索引擎登录等。

三、旅游类搜索引擎的应用

旅游搜索引擎收录的内容包括旅游线路、旅游景点、旅游攻略、户外用品、酒店住宿等相关旅游信息。

旅游搜索引擎是从比较购物网站的基础上发展起来的。比较购物最初是为消费者从多种在线零售网站中筛选并提供机票、酒店、旅游度假等方面的比较资料。随着比较购物网站的发展，其作用不仅表现在为在线消费者提供方便，也为在线销售上推广产品提供了机会，实际上，它也就类似于一个搜索引擎的作用了，并且出于网上购物的需要，从比较购物网站获得的搜索结果比通用搜索引擎获得的信息更加集中，信息也更全面。

常规意义上，基于网页搜索的搜索引擎在搜索结果中的内容是根据与关键词相关性而排列的、来源于其他网站的内容索引。与此类似，旅游搜索引擎的检索结果也来自被收录的网上旅游网站，这样当用户检索某个旅游目的地的景点、机票、酒店、旅游度假时，所有销售该商品的网站上的产品记录都会被检索出来，用户可以根据产品价格、对网站的信任程度和自己的偏好等因素进行选择。

下面，我们以常用的旅游搜索引擎——去哪儿网（图 10-2）为例阐述。

去哪儿网是中国领先的在线旅游平台，创立于 2005 年 5 月，总部位于北京。作为一家深耕在线旅游行业的产品技术公司，去哪儿网拥有海量的用户出行数据、业内领先的产品开发能力及强大的资本实力。截至 2019 年 3 月，去哪儿网搜索覆盖全球 68 万余条航线、580 家航空公司、147 万家酒店、9 000 家旅游代理商、120 万余条度假线路、1 万余个旅游景点，并与国内外 100 多家航空公司进行了深度合作，为用户提供最新、最精准的旅行产品价格和信息，从而提升用户旅游体验。

制定旅游攻略时，去哪儿网是一个不可多得的好帮手。首先，你可以通过去哪儿的搜索框输入目的地名称，立即获取到丰富的旅游信息和景点介绍。接着，利用去哪儿的"攻略"板块，你可以发现当地游客的真实体验和推荐，从美食到住宿，从必去景点到小众玩法，一应俱全。此外，去哪儿还提供详细的交通指南和行程规划工具，帮助你轻松安排每日行程，避免遗漏任何精彩之处。别忘了利用去哪儿的优惠信息和预订服务，为你的旅行节省开支并提前锁定理想的住宿。总之，去哪儿网凭借其全面的旅游资源和便捷的搜索功能，能让你轻松高效地制定出一份完美的旅游攻略。

图 10-2 为去哪儿网搜索首页。

图 10-2　去哪儿网搜索首页

【任务 10-1】

搜索引擎对比

请同学们对比不同旅游搜索引擎平台（如去哪儿网、携程、途牛、美团等）之间的区别，分析讨论每家平台典型的运营规律以及特色、优势。

子项目三　了解短视频营销

【案例与解析】

火遍全网！"抖音之城"西安火爆程度超北上广深

自媒体时代，西安抓住"抖音"等自媒体软件巨大的影响力红利，借短视频进行自我营销，传播西安国际化大都市形象，吸引了四面八方的来客，一跃成为"网红城市"。图 10-3 为西安大唐不夜城。

西安凭借"摔碗酒""毛笔酥"等红遍网络的短视频吸引全国各地的人前来"打卡"，西安在短视频平台的火爆程度，已经超过了北上广深。2019 年，国家统计局西安调查队通过网络调查、座谈等方式，开展了"民众对西安网红城市看法"专项调查，参与调查 55.5% 的民众都较为看好短视频对西安国际化大都市的形象传播。

图 10-3　西安大唐不夜城

　　调查显示，目前热衷于打卡"网红西安"的受众大多是青年人，受访者集中在 18~30 岁，均占调查样本的 37.3%。他们富有好奇心，更愿意通过展示自己的生活获得他人关注，同时记录自己的生活。

　　西安作为十三朝古都，独具历史文化特色，而利用城市的美食、美景、文化等符号载体，通过短视频对城市形象进行传播和展示，能有效地促进城市形象的传播。调查显示，从短视频中有关城市的内容吸引受众群体的情况来看，地方美食占 78.4%，著名景点、历史圣地占 62.8%，地方美景占 59.8%。

　　与此同时，以城市为主题的歌曲也成了城市的象征符号，通过歌曲人们不断塑造或加深对城市的记忆。调查显示，受访者浏览短视频的原因主要为"自己是本地人""视频内容丰富""形式新颖"三方面，分别占 41.8%、40.9%、40%。

　　（资料来源：调皮话曲奇. 火遍全网！"抖音之城"西安火爆程度超北上广深［EB/OL］.（2019-12-19）［2021-09-20］. https://page.om.qq.com/page/OxGLzO0F-hNuZGv5QoaabqKA0.）

　　[解析]

　　抖音 App 的特性与西安的悠悠古韵相结合，给这座历史古城添加了"活力、有趣、时尚"的新标签。从年轻人的视角去观察、理解这个城市，同时再以年轻人的方式呈现给大众。由于短视频的传播和扩散，再加上人们的跟风心理等多种因素，众多游客涌至西安，并且，他们游玩之余纷纷举起手机制作短视频并上传到网络平台打卡网红景点，丰富了短视频的数量和种类，居高不下的热度使城市的创收能力大幅提高。

　　2021 年春节期间，西安市共接待游客 1 269.49 万人次，实现旅游收入 103.15 亿元，由此可见，西安旅游业的发展与网络媒介宣传带来的曝光量和人气密切相关。

一、短视频营销

1. 短视频营销内涵

短视频营销指企业和品牌通过短视频这种形式，直接或间接地向用户传播产品相关的内容，更大程度地吸引用户去了解企业和产品，最终促进交易的一种社会化营销方式。其具有移动客户端传播、内容生产上手快、碎片化传播、分享社交性强等特点。

2. 各大短视频平台营销方式差异及玩法分析

（1）抖音平台营销。

抖音目前的商业化版块做得非常完善，它通过硬广、企业号、达人、热点 IP、全民共创五大方式进行营销。其较高效的营销方法是硬广投放，由于算法推荐的作用，这类投放会相对精准。

（2）快手平台营销。

2020 年快手赞助中央电视台春节联欢晚会，日活动用户顺利达到 3 亿人。近年来快手在垂直领域、IP 节目上进行大量投入，吸引了不少国际大牌在快手上进行营销。

（3）抖音火山版营销。

抖音火山版最初为"火山小视频"，该平台的内容更接地气，也更符合大众喜好。其营销工具总体分为曝光、精细化流量、定制内容三种方式。其典型的营销方法是集中投放达人创作视频引导普通用户跟进，再将流量引至话题活动页，进一步促进用户留资转化。

（4）西瓜视频营销。

西瓜视频的品牌营销与传统长视频网站有些类似，它更多是通过贴片、赞助、植入等广告工具来实现营销的，西瓜视频在自制综艺、自制剧集中有不少投入。根据头条指数数据来看，影视、综艺、喜剧类内容是平台最受欢迎的内容品类，但西瓜视频面向的人群也总体偏向于下沉市场。

（5）哔哩哔哩（B 站）视频营销。

B 站的主要客户群体是"Z 世代"，即 1995—2009 年出生的一代人，他们年轻且喜好多元化。因此，B 站的视频内容以二次元相关的内容为核心。B 站的内容受平台推荐影响较大，但 B 站也有大量用户主动搜索流量，给予品牌营销更多的空间。B 站有三种大类合作方式：曝光、大项目、核心创作者。

（6）皮皮虾短视频营销。

皮皮虾社区风格幽默风趣，社区中互动性强，有神评、抢楼等跟帖文化，在年轻群体和下沉市场颇受欢迎。其营销方式基本分为两种：流量产品合作及内容合作。流量产品包括开屏广告、信息流广告等的投放，而内容合作更多是 IP 联合以及一些定制化的创新营销。

（7）梨视频平台营销。

梨视频的定位是新闻资讯短视频平台，它不仅拥有专业的媒体团队，也收纳了全球范围内的拍客。从内容上来看，它的视频更加贴近社会突发性热点事件，适合主打生活方式的品牌进行营销合作。在营销方案上，梨视频与常规短视频平台的最大不同及亮点在于，它可以通过拍客的方式进行纪实采访合作、共同打造话题热度，这样就有了更多的可玩性及趣味性。

短视频行业的格局目前依旧在不断发生变化，在短视频成为兵家必争之地时，微信的视频号也横空出世，用户的短视频消费习惯在未来受微信等平台政策影响较大，企业不仅要熟悉过去的营销玩法，还要时刻关注微信视频号这类新平台的短视频营销的游戏规则。

二、旅游短视频内容营销

优质内容是短视频的核心竞争力，优质内容归纳而言，有以下几个特征。

1. 内容新奇

突破常规，引发别人的好奇心就容易被关注。比如，人们往往将厦门对应鼓浪屿，上海对应东方明珠，安徽对应黄山，成都对应火锅等。这是因为长期以来，信息的传播会使受众对某个地方产生刻板印象。而消费者都有猎奇的心理，当西安摔碗酒、不倒翁小姐姐、"90后"导游"冰蛋"，重庆"轻轨穿楼"、洪崖洞出现在抖音上时，人们由此产生的新鲜感又引发了全民关注与话题讨论，纷纷前往"网红地"打卡。

2. 多元融合

新时代的媒体传播方式更加灵活，这种传播突破传统的行业、年龄层、领域边界，使多元化、创意脑洞成为主流。短视频可以融合转场特效、网红歌曲，让人感觉酷、炫、潮。比如，摔碗酒搭配《西安人的歌》、大连星海广场配上《我们一起去大连吧》，科技元素、艺术元素与旅游场景相融合，令视频极具艺术感、创造性和现场感。

3. 易引发参与

对于热点事物，人们都有一种一探究竟的冲动。制造一些有趣并易于模仿的话题、挑战，一方面会使更多人接收到该讯息，另一方面也会引发他们参与的热情。一位西安姑娘看到夜晚的钟楼实在太美，便拿起手机拍了下来，她无意间在抖音上发起的关于"西安"的主题挑战，没想到会吸引2.3万人参与，而其中很多是来自外地的游客。在抖音上基于挑战、模仿的视频占了很大的比例。用户在众多模仿作品中，互相对比，即便是同一模仿对象，也会产生风格迥异的特色来，而这种现象也助推视频被二次甚至多次传播。

三、旅游短视频的营销策略

1. 提升内容品质，打造网红景点

我国已经进入优质旅游发展的新阶段，时代呼唤优质的旅游产品，最终也会选择优秀

的旅游企业。在短视频制作上，无论是传播者还是受众，都应呈现出"真善美"的价值观。各短视频平台也充分体现了传播的马太效应。一千个制作粗劣视频获得的关注度比不过一个精品视频收获的关注度。同样，一千个平庸景点的传播价值也抵不过一个优质"网红"。因此，旅游营销短视频不在于数量多少，而在于其内容是否实用精巧。

第一，要充分认识到短视频策划的重要性，投入更多的时间和资金进行策划。策划方要基于资源和市场，大胆提案、小心论证、反复打磨，重视市场意见，尤其是来自年轻人群体的意见。

第二，要戒骄戒躁，谋定而后动。在确保景区产品质量已经达到较高水平前，不要急于以官方的名义扩大营销，确保景区能获得口碑推荐。

第三，要重点攻关。旅游消费的一个重要特点是任何基于"点"的消费都会自然惠及全域。重庆的"洪崖洞"和西安的"摔碗酒"都属于一个景点带火一座城市的代表案例。要集中资源打造具有较大传播价值的"网红"景点或旅游商品。

2. 培育粉丝社群，善用营销渠道

旅游市场符合"二八"定律，即20%的顾客会创造80%的价值。因此，以营销旅游目的地为目标的短视频推广方案应明确产品个性，做好用户画像，来获取这20%更契合、更忠诚的旅游者，再借助他们去扩大市场。营销人员应传递出更多具有体验价值的旅游信息，要活用抖音、微信、微博等新媒体传播渠道，精心设计活动，创造更多与潜在和现实游客互动的机会。

3. 搭建共创平台，重视民间力量

旅游营销者一方面要根据市场趋势调整营销预算的投资方向，积极融入抖音、微信、微博等优秀媒体搭建的传播平台，借势融合发展。另一方面，营销人员也可以因地制宜，通过制度设计和模式创新搭建专属的共创平台，吸引各方资源，尤其是吸引"草根"力量加入旅游营销（如以年轻人为主体的乡村创客）。在管理型政府向服务型政府转型的过程中，传统的以政府为主导的单向营销模式已呈现式微之势，而反映大众审美、汇聚民间智慧、代表时代潮流的"草根"阶层正在走向前台，成为一股锐不可当的蓬勃力量。

【任务 10-2】

营销案例分析

2018年9月，抖音短视频、头条指数和清华大学城市品牌研究所发布《短视频与城市形象研究白皮书》。其数据显示，截至2018年3月底，抖音上关于西安的视频量超过61万条，播放总量超过36亿次。据西安市旅游发展委员会公布的数据，2018年上半年，西安接待海内外游客11 471.75万人次，同比增长45.36%，旅游业总收入同比增长56.32%。

思考：抖音短视频为什么能带火西安这座城市？

子项目四　了解软文营销

【案例与解析】

新网红：用内容连接产业

生活旅游类公众号——嬉游，七天卖掉一个亿，很多人或许会因此产生一种错觉，嬉游是不是一个拥有几百万、上千万粉丝的大号？其实不是，它的粉丝才将近 24 万。

虽然它只有将近 24 万粉丝，但其文案质量却很高。其他的公众号一发广告就掉粉，嬉游发广告却还能涨粉，最近几篇广告累计涨粉 2 万。嬉游的文章日常转发量大概在三千次左右，它发表的一篇推荐森泊木屋的文章却带来八九千次的转发。

反差背后，是嬉游对内容质量的要求，即对所推荐产品的要求。嬉游非常在意广告的原生价值，即是否是真的被粉丝所需要。如果强推粉丝不需要的产品，那是广告，但如果正好是粉丝需要的，广告就变成了内容。

坚持这个原则的嬉游一个月只发四篇广告，每个月被嬉游拒绝掉的广告不计其数。嬉游认为，80% 的产品是不值得被推荐的。它这样的做法带来了粉丝对它的广告的认可，知道每一次广告，带来的都是真福利。

（资料来源：砍柴网官方百家号. 飞猪双 11，旅行 KOL"嬉游"七天预售一个亿［EB/OL］.（2019-11-08）［2021-09-20］. https://baijiahao.baidu.com/s？id=1649647495356019031&wfr=spider&for=pc.）

［解析］

嬉游十分注重选品与用户定位，可以说它是生活旅游类公众号的带货达人，其坚持深耕供应链，用内容连接产业，那么它的流量越来越精准，市场的关注度越来越高，厚积薄发成为现象级。像嬉游这样，深耕旅游行业，切身站在用户和广告主的角度考虑，注重广告的选品质量与公众号的切合度，肯定会获得用户与广告主的认可和回馈的。

一、软文营销

1. 软文营销内涵

软文营销，就是指通过特定的概念诉求，以摆事实、讲道理的方式使消费者走进企业设定的"思维圈"，以强有力的针对性营销手段迅速实现产品销售的文字模式和口头传播。比如，新闻、第三方评论、访谈、采访、口碑等。

2. 软文营销的优势

（1）软文营销的性价比高。

软文，相较电视广告、明星代言甚至是线下传单，其营销成本更低，简简单单的一篇文章，就有可能获得很好的传播量，甚至还会被多次转载形成二次传播。

（2）客户容易接受。

软文的特点，便是"软"，虽然它有营销性质，但其广告营销感并不强烈，不容易造成用户的反感。软文的主要内容形式有三种，一是新闻类的软文，它利用时下热议话题，引起人们的关注；二是故事类的软文，只要创意够好，篇幅不限长短；三是科普类的文章，向用户科普一些知识，能让用户觉得有所收获。可见，只要是让用户觉得有价值，那就是好的东西，用户便容易接受。

（3）传播持续性强。

软文传播力强，易被转载转发，在不删帖的情况下，能够持续性地传播。当然拥有传播性质的软文，无一不是已经让用户信任的文章，用户被吸引，便乐意分享，从而实现软文的不断传播。

二、软文营销技巧

1. 精准的用户定位

软文营销首先要对用户群体进行深入细致的调研，企业需要通过大量的现场调研、数据分析来确定目标人群和用户画像，包括性别、年龄、圈层、性格特点、婚姻状况、触媒场景、人群分布特点、消费习惯、客单价等，之后针对用户画像做出营销策略和推广策略，并在此基础上进行软文的策划创作和发布。

2. 独特的文案创意

（1）标题设计要漂亮。

文章的标题犹如企业的标志，代表着文章的核心内容，其好坏甚至直接影响了软文营销的成败。所以在策划软文的第一步，就要赋予文章一个富有诱惑、震撼、神秘感的标题。

下面用以下几个例子来说明，如表 10-1 所示。

表 10-1　标题类型示例

标题	营销产品	标题类型
《这个夏天想去草原上撒野，你要不要来?》	（呼伦贝尔旅游路线）	提问型
《测评：在线吃吃吃吃吃吃掉新疆!》	（新疆特产）	猎奇型
《全国吃货吃海鲜去舟山，浙江人却最爱来这儿》	（台州温岭美食路线）	对比型
《花 360 元剪头发，只为男士服务的理发店真的贵得有理吗?》	（上海旅游路线）	数字型

除此之外，软文的标题，还可以通过添加亮点词、善用谐音、名人效应、巧用修辞等方式进行策划，同时也要注意不要变成"标题党"①，让用户感到被欺骗，从而产生负面效果。

（2）内容策划要优化。

软文就是一种软性表达形式的内容，它追求的感觉是春风化雨、润物无声，让用户不知不觉沉浸其中。但同时用户的眼睛又是雪亮的，只有在植入广告的同时又不引起用户的反感，才是真正成功的软文。

例如，《碳水炸弹十块钱吃到饱，武汉的早餐真的太危险了》（嬉游公众号）推荐了武汉美食路线，这篇文章的开头是这么写的：

不知道昨晚有多少朋友和我一样看了"小朱配琦"在武汉的直播，反正我是剁手了一堆湖北特产，加上今天是武汉重启一周年，那就来聊聊武汉这座英雄城市吧。

2020年4月7日晚8:00，央视主持人朱广权和淘宝主播李佳琦相约央视新闻直播间做了湖北特产的直播带货，整场直播总计观看人数为1.22亿，累计卖出价值4 014万元的湖北商品，微博话题阅读量突破3.3亿。仅过1天，嬉游就借助"小朱配琦"组合带货这个热门话题，推出了武汉美食路线，吸引用户的关注。《碳水炸弹十块钱吃到饱，武汉的早餐真的太危险了》语言简洁、结构合理、主题清晰、图文并茂，以自然巧妙的方式对武汉美食路线进行营销，仅2个星期，它的阅读量就达到6.4万。

（3）篇幅排版要精致。

高质量的软文排版应该是精致的。最好在每一段话题上标注小标题，从而突出文章的重点，让读者阅读时感到舒服；图文并茂，最好是每两百个字左右插入一张图片，图片大小要一致，图片应尽量保证高清；文字简洁，根据手机屏幕大小，字体选择14~16号为宜，行间距以1.5~1.75倍为佳，两端对齐，字体颜色不要超过3种。

3. 正确的传播渠道

选择好的媒体平台至关重要。软文发布平台包括门户网站、论坛、微博、微信等，首选转载率高的渠道，同时要辅助在一些热门的垂直论坛发布软文，确保软文能达到一个比较好的传播效果。

【任务10-3】

软文制作

选择一个旅游目的地或旅游景点，可选择景点介绍、主题路线推荐、文创产品、当地特产、民俗活动、非遗项目等，以2人为小组，完成软文文案。文案发布可自选微信公众号、微博、今日头条等平台。

---

① 指用夸张的标题吸引人点击查看，内容却是非官方来源的"小道消息"，甚至是严重失实信息。

项目十一　云中仙境——智慧旅游

教学目标

1. 了解大数据的基本概念；
2. 掌握智慧旅游的基本概念；
3. 了解当前智慧旅游的发展情况；
4. 掌握智慧旅游与旅游电商的关系；
5. 理解互联网思维下旅游业发展的特点。

小试牛刀

列举 3 个旅游中的智慧现象。

_____

_____

_____

_____

_____

同课程分段式教学建议

智慧旅游

　　本章涉及大数据与智慧旅游的内容，可以结合有相关实践经验的企业案例进行具体学习。

导入案例

韩国首尔智慧之旅

首尔作为世界上与外界联系最紧密的城市之一，其在智慧旅游方面的探索比较早，智慧旅游的概念早已融入首尔游客的每一段旅程。想去首尔的游客可以自己制订出游计划，在首尔旅游发展局官网就能找到合适的住宿和当地热门景点。潜在游客可在姐妹网查询到你想获取的信息：从首尔最棒的徒步观光线路到最近又开发的什么新景点等，你想要的信息，无所不有。因为可以在网站上使用交互式街道地图轻松搞定线路，所以你根本不用担心如何到达你的目的地。另外，游客还可以通过官方 Facebook 和 Twitter 查询到一些在首尔旅游需要注意的事项。

抵达首尔后，游客可以租用一个装有"我游首尔"应用程序的智能手机，或者在自己的智能手机上安装这个软件。同时，你可以发现首尔的无线网络覆盖无所不在，伴随你的整个旅途。

[分析]

"我游首尔"是在首尔旅游组织的官网的基础上开发的一个特殊的、与该机构同名，可以应用多种语言的应用程序。"我游首尔"从电子导游到实时信息服务，应有尽有。

为了可以更好地使用智能手机中的 GPS 功能，游客可以在附近任何地点更新景点、住宿、餐馆、天气以及当前汇率的信息。用户可以在附近轻松拍照上传到程序，"我游首尔"可以很快地显示其信息详情。无论是星巴克咖啡还是像世界文化遗产——昌德宫这样的古代宫殿，你都可以看到详细的解释和说明。

首尔主要的公交站点都配备有 LED 装置，这可以为游客提供到达时间和详细的路线。除了显示路线信息外，新快速响应代码被扫描到智能手机以后，就可以在用户所选的语言设置中显示实时的公交信息和其他重要交通数据。

首尔地铁行业也应用了相似的多语言系统，地铁站配备有触屏的谷歌地图系统，这样可以确保游客在有多个出口的情况下迅速做出相应的方向选择。游客还可以使用一卡通，在机场、地铁以及便利店就可以进行充值。一卡通不仅可以支付各种交通费用，还可以在便利店以及零售店购买商品。

这一切，以及很多人们还想象不到的更多充满智慧的未来旅游场景，就是智慧旅游。

　　智慧旅游公共服务主要指的是将旅游公共服务与面向各类对象的各种旅游信息服务手段有机结合起来，通过传统的旅游信息中心、游客咨询服务中心、散客集散中心内的各种设施、设备以及嫁接在各类基础公共服务（网络和实体）平台上的各类公共服务，将旅游信息通过这些载体和媒介有效传播给旅游者，让旅游者能够像本地人一样畅快无忧地在目的地休闲游览。

子项目一　了解大数据时代的旅游业

【案例与解析】

　　一位网友最近想去迪拜旅游，便在手机的 Google map（谷歌地图）App 中下载了迪拜的离线地图，当他第三天登陆 Google+（类似 Facebook、人人网的社交网站）时，却意外地发现自己的个人主页上多了不少有关迪拜旅游的账户推荐。这让他感到疑惑：为什么 Google+会知道自己的需求呢？

　　答案是：这是大数据挖掘的结果。目前常见的大数据技术在旅游行业中应用包括：

　　旅游传播数据分析：提供 7×24 小时实时、精准的多维度数据挖掘分析，提供丰富直观的数据查询、分析和预测服务。

　　市场数据监测：通过深层次的数据挖掘，透析竞争格局，实现多种数据维度的汇聚沉淀，准确展现宏观市场状态。

　　海外用户市场调研：通过多种语言维度、多地域维度、多时间维度、多数据维度、多竞争维度、多平台维度的海外数据分析服务，从数据中了解目标市场构成、细分市场特征、游客特征和兴趣爱好等，形成完整的用户画像。

　　旅游舆情监测服务：基于全球领先的互联网采集监控技术而研发，具有发现快、信息全、分析准的优势。可让用户眼观六路耳听八方，在第一时间发现负面舆情，第一时间全面了解民意民情动态，能帮助平台及时根据最新舆情做出最快反应。

　　口碑监测：网民在论坛、微博、博客、新闻上发表个人意见，由于网民的数量庞大，发表信息没有门槛，相关信息传播速度极快，其形成的舆论力量正深刻改变着网民的思想形态和社会面貌。

　　旅游品牌影响力评估：基于整个市场现状的分析，从细分市场、营销策略定位、竞争定位、传播渠道等方面来分析，分析的维度则可以从游客关注度、品牌美誉度、品牌影响力等展开。清晰了解品牌受到哪些目标客源国、哪些用户群体的关注、关注度如何、关注的内容是什么，等等，多维度展现旅游品牌在不同地域、不同平台上的整体声望。

一、旅游大数据

大数据已经开始引领旅游的个性化消费，同时也在为旅游业经营管理带来新的改变。

每一个"黄金周"和小长假期间，大量游客涌入景区确实促进了当地旅游产业的蓬勃发展，然而，随之而来的交通拥堵和景区接待能力有限等问题，也极易导致游客的不满，甚至在某些情况下，还会引发恶性事件。

如何正确指导游客在这样的情况下做好选择，能够有效分析出应该去哪里和怎么玩？一般游客难以获得足够丰富且有价值的信息，无法很自信地做出旅游决策和行程安排。有了大数据的帮助，这一问题就可以迎刃而解了。

一个基于大数据的行业监测平台，数据来源包括公安部门的酒店住宿等级管理系统、景区游客监测系统，以及通过和搜索引擎的数据合作获得的游客搜索行为数据、各种旅游预订网站的订单数据、各种旅游电商网站的评价反馈等。不同于传统的抽样调查或是设点监控，这些数据是一种相对全面的数据，反映的就是真实情况。基于这样的数据积累，在一定规模后就有了大数据的基础。在这一基础上，通过数据挖掘和分析，就可以获得相关情景下的分析预判，并启动控制预案。例如，提前控制预订景区门票数量、发布相关预警等。而一旦游客流量监测系统发现景区内依旧可能出现超负荷的情况，还可以做到在游客到达景区前，通过引导系统分流到其他景区；游客预订旅游产品时，明确当日还可以接待的人数；游客制订旅游计划时，根据往年数据分析给予相关提醒建议。

数据的来源会越来越丰富，分析方法也会越来越科学。获取当前的全面数据并不是目的，基于这些海量数据，景区可以对趋势进行预判，形成对游客消费习惯的分析，从而指导旅游规划、产品开发，旅游营销和游客服务。这才是大数据的价值所在，才是旅游主管部门和旅游企业能够更加"智慧"的基础。

智慧旅游的"智慧"，固然在于新信息技术的发展和应用，却更需要基础旅游信息的不断完善和庞大的数据支撑。有大数据才有大智慧，这也是旅游信息化的大势所趋。

二、大数据对旅游电商消费的影响

大数据更加贴近消费者，如今的数据已经成为一种重要的战略资产，极富开采价值，对旅游电商的消费和经营影响都非常大。对于旅游电商企业来说，通过大数据可以实现三个方面的提高。

1. 提高服务质量

利用旅游行业数据库进行分析，建立纵向和横向的维度，进行分析建模，依托行业数据分析推演，可以有效地指导旅游政府部门和景区的公共服务体系建设，真正提高旅游公共服务满意度。

2. 改善经营管理

通过对大量数据的挖掘和分析，有效指导旅游局和景区企业的管理工作。根据游客的特征和偏好，提供有力的旅游产品和服务，利用大数据进行产业运行状况分析，有效地运行监测，对产业实施有效的管理，是推动旅游产业建设的必要手段。

（三）改变营销策略

通过大数据可以了解用户画像数据、掌握游客的行为和偏好，真正地实现"投其所好"，以实现推广资源效率和效果最大化。

而对于消费者来说，大数据技术已经开始在各种消费场景中产生显著的影响。例如，在多次通过网络预订酒店后，再次预订时消费者会得到符合自己消费习惯的酒店推荐推送，在利用手机旅游App进行基于地理位置的旅游资源搜索时，所搜到的旅游资源会按照自己的消费习惯排序，等等。这些都是大数据的作用，有效地影响着消费者的选择和体验。

三、大数据在旅游行业中的作用

旅游大数据的发展带动了旅游产业的全面升级，通过大数据深挖游客的心理研究分析和旅游产品体验，一切以游客的需求为关注点，通过数据分析反映旅游客源地域、哪些产品是消费者关注的、关注些什么，从中提取新的深刻见解，为旅游目的地品牌的提升、营销推广和舆情监测等提供可视化的数据服务。

通过大数据的分析，旅游企业可以准确掌握到旅游客源来自哪些地区，可以了解游客喜欢什么样的产品，从而开发迎合市场需求的产品线路。大数据技术能够显著提升旅游行业市场定位的精确度。大数据应用，其真正的核心在于挖掘数据中蕴藏的情报价值，那么，对于旅游行业来说，如何借助大数据为旅游行业中的创新发展来服务，从以下几个方面来概述。

首先，大数据技术能够显著提升旅游行业市场定位的精确度。一个成功的品牌离不开精准的市场定位，能够使品牌快速成长，而市场数据分析和调研是进行品牌定位的第一步。在旅游行业中充分挖掘品牌价值，需要架构大数据战略，拓展旅游行业调研数据的广度和深度，从数据中了解旅游行业市场构成、细分市场特征、消费者需求和竞争者状况等众多因素，在科学系统的信息数据收集、管理、分析的基础上，提出更好的解决问题的方案和建议，保证旅游品牌市场定位个性化。通过项目评估报告，收集海量信息构成了旅游行业市场调研的大数据，对这些大数据的分析就是市场定位的过程。只有定位准确才能构建出满足市场需求的旅游产品，使旅游品牌在市场竞争中立于不败之地。

其次，有助于旅游项目评估和可行性分析。想开拓某一区域旅游行业市场，首先要进行项目评估和可行性分析，才能最终决定有无开拓这块市场的必要性。如果适合，那么这个区域人口是多少？游客水平怎么样？客户的消费习惯是什么？市场对旅游品牌和旅游产品的认知度怎么样？当前的市场情况是怎么样的？游客的消费喜好是什么，等等。这些都可以通过大数据技术来实现。

最后，大数据将成为旅游行业市场营销的利器。信息总量的暴涨，其背后隐藏的是旅游行业的市场需求、竞争情报。每天在 Facebook、Twitter、微博、微信、论坛、新闻评论、电商平台上分享各种文本、照片、视频、音频、数据等信息高达的几百亿甚至几千亿条，这些信息涵盖着商家信息、个人信息、行业资讯、产品使用体验、浏览记录、成交记录等海量的动态信息。这些数据通过聚类，可以形成行业大数据，通过对数据的统计分析得出的情报将为市场营销提供非常有利的支持。

下面本书从以下两个方面来阐述旅游行业市场营销工作中的核心要点：

一是数据获取与分析。通过有效获取数据，并进行深入的统计与分析，企业能够充分掌握市场信息，洞悉竞争对手的动态，明确自身产品在市场竞争中的位置。这一过程旨在实现"知彼知己，百战不殆"的战略目标，为企业制定精准的市场策略提供有力支持。二是数据积累与挖掘。企业需重视积累和挖掘旅游消费者的档案数据。这些数据的分析有助于深入理解游客的消费行为模式及价值偏好，从而更有效地引导潜在目标客户，同时提升游客的旅游体验，确保他们获得满意的服务。

以旅游行业在对顾客的消费行为和兴趣取向分析方面为例，搜集和整理游客的消费行为方面的信息数据，如游客的以往购买旅游产品的花费、选择的产品渠道、旅游产品的类型和偏好、游客对旅游目的地的品牌印象等。搜集到了这些数据，建立游客大数据库，便可通过统计和分析来掌握消费者的消费行为、兴趣偏好和产品的市场口碑现状，再根据这些总结出来的行为、兴趣爱好和产品口碑现状，制订有针对性的营销方案和营销战略，投消费者所好，那么其产生的营销效应是可想而知的。

子项目二　了解智慧旅游

【案例导入与解析】

杭州黄龙酒店的智慧化探索

杭州黄龙酒店坐落于美丽的西子湖畔，被人们称为中国第一家智慧酒店。黄龙酒店拥有 602 间客房，其酒店智慧运用主要集中在客房。首先，我们可以从一个顾客在黄龙酒店的住宿经历来了解智慧门禁系统。他是这样描述的："在乘坐专车前往酒店的路上，我就已经通过酒店工作人员的手持登记设备进行了远程 Check-in、身份辨别及信用卡付款等所有手续。因而当我一下车，酒店的门童和接待员就已经通过精确的识别体系认出了我，没有前台的等待排队，也没有任何需要手写的烦琐程序，一张入住门卡在一分钟内就交到了我的手上。进入房间后不久，门铃声响起，跑去开门的路上，我又被着实吓了一跳，门外的景象已经清晰地跳在了电视屏幕上：一位笑容甜美的服务员正端着精美的茶点静静等候着。服务员告诉我，这是全世界第一套电视门禁系统，门上的猫眼其实是个摄像头。"

[解析]

以打造中国第一家五星级智慧酒店为目标的杭州黄龙酒店与 IBM 紧密合作，量身定做出"商务生活全解码"的智慧酒店解决方案。黄龙酒店采用快思聪智能灯光系统，该系统采用了大量的模块化结构设计，通过简单明了的快思聪触摸屏界面，省去了墙面安装的各式开关面板、调光面板等，使家居中墙面简单整洁。同时避免了客人奔跑于各个房间或各个区域甚至各个楼层的灯光开关之间而手忙脚乱。这一切都只需在快思聪的触摸屏界面轻轻点击一下就完美地代替了。只需按一下按钮就可改变整个房间的室内环境，昏暗时室内灯光可定时自动启动，还可以通过手机或掌上计算机遥控室内环境。快思聪家庭系列中的智能灯光控制系统实现了灯光调整、控制、窗帘开关与其他所有系统的无缝集成。

而整个方案的灯光控制首先可以按照房间、走廊和公共区域进行划分，通过设在房间内的触摸屏/按键面板（嵌墙/无线）进行本地控制或同安防监控、消防系统配合，实现灯控与安防、消防联动来实现。

系统在保留普通开关的功能和特点的同时，响应电话远程控制、集中控制、无线遥控、电脑控制、定时控制、网络控制等各种控制方式。

一旦你乘坐上开往酒店的专车，你就能通过酒店工作人员的手持登记设备进行远程入住登记、身份辨别及信用卡付款等手续。你一下车，酒店门童就已经通过精确的识别体系认出了你。没有前台的等待排队，没有烦琐程序，一张房卡在一分钟内就交到了你的手上。这张房卡可不寻常，它拥有客户导航功能，当你迈出电梯门，一道荧光会吸引你，指示牌上清晰地显示出了房间号码，沿着三道发亮的箭头，你很容易就走到了自己的房间。如此不同寻常的酒店入住经历是现在被称为全国首家智慧酒店的杭州黄龙酒店为顾客提供的。

随着酒店日趋激烈的竞争和不断攀升的客户期望，酒店装潢、客户数量、房间设施等的质量竞争以及价格竞争将退居二线，迫使业内人士不断寻求扩大酒店销售、改进服务质量、降低管理成本和提升客户满意度的新途径，以提升酒店的核心竞争力。其中最有效的手段就是在智能化、个性化、信息化方面展开，智慧酒店悄然兴起是智慧旅游的重要组成部分。

一、智慧旅游的含义

智慧旅游是通过现代信息技术和旅游服务、旅游管理、旅游营销的融合，以游客互动体验为中心，使旅游资源和旅游信息得到系统化整合和深度开发应用，并服务于公众、企业和政府的旅游信息化的新阶段。

智慧旅游重视对物联网、云计算、下一代通信技术等新信息技术的应用，但并不是简单地采用新信息技术，而是要把新技术和旅游行业发展紧密结合，实现旅游服务、旅游管理和旅游营销的差异化。

智慧旅游是以服务游客为核心，注重和游客的互动，在满足多数使用成熟技术的游客的基础上，兼顾那些关注新技术应用的旅游人群；是建立在旅游信息化的基础之上的，通过引入新信息技术，提升旅游信息化的整体水平和服务能力是旅游信息化发展的新阶段和发展方向。智慧旅游是一个动态的建设过程，将随着旅游业和信息技术的发展而发展。

智慧旅游城市是在智慧城市的概念下针对旅游城市提出的。智慧旅游城市，简单地讲就是将智慧化理念与手段应用于旅游城市，利用多媒体信息网络、地理信息系统、智慧旅游综合应用平台等技术设施平台，整合城市旅游信息资源，建立电子政务、电子商务、旅游智能管理等信息化社区，针对旅游城市的特征，解决旅游城市面临的城市发展问题，增强旅游业在城市经济社会中的带动作用，从而实现城市的优化转型。在智慧城市基础上发展出优秀旅游城市，突出城市旅游公共信息服务。

智慧景区突出景区内外的旅游信息服务和基于网络的宣传营销，是利用信息、物联网等新技术手段，通过局域网、互联网和移动互联网，借助于各种网络和计算机设备，对包括景区旅游设施、旅游服务、旅游活动甚至景区经营者自身在内的各种资源进行信息化、智能化管理，从而实现了解和管理消费者需求、优化旅游产品、提升景区品牌价值、提高顾客满意度、降低旅游管理成本和提升企业市场风险防范能力的目的。

智慧酒店是指酒店拥有一套完善的智能体系，通过数字化与网络化实现酒店数字信息化的服务技术。智慧酒店为顾客提供安全、健康、舒适、卫生的居住环境及个性化的服务和产品，突出高科技在客户服务、前台服务、能源系统、人力资源服务等方面的高效整合和优化，大大提升顾客的满意度。智慧酒店的定义包含以下几个方面：①智慧酒店需要借助现有的物联网、互联网、云计算、通信、网络等先进信息技术；②智慧酒店将运用到游客在酒店的"食、住、行、游、购、娱"六个方面，并贯穿酒店的设计、管理、营运、决策等全过程，最终目的是为顾客提供便捷、智能、个性化的体验和服务。

二、大数据与智慧旅游

大数据是依赖于互联网而产生的。互联网的持续演进以及网民的积极参与，使得数据的积累变得既迅速又有效，为智慧旅游的实现奠定了基础。然而，要真正获得能够支持智慧旅游的大数据，需要付出卓有成效的努力。这无论是在技术、资金投入，还是各方面的协调配合上，都是一个复杂的系统工程。

首先，数据挖掘搜集是极其复杂的，搜集方向必须要明确业务所需，然后对有价值的数据进行搜集整合，才能整理成有用的信息。

其次，还要实现经验与数据的结合。有了数据还需要判断，把这种杂乱无章的数据整理成能实际使用的结论并与以往的经验结合，从而为决策提供支持。

另外，不能停留在数据表面，要进行与时俱进的分析与优化，做决策上的改变和调整。

另外，数据开放与隐私的权衡也是应用大数据开展智慧旅游工作中必须妥善解决的问题。随着公众对隐私泄露担忧的加剧，政府也必将出台相应的法律法规，对企业的数据挖掘和分享行为进行规范。

除旅游电商交易数据、旅游信用数据、旅游行业统计数据等大数据来源外，互联网社交中的交互性大数据，也蕴藏巨大的价值。随着论坛、博客、微博、微信、电商平台评价、点评网等媒介在 PC 端和移动端的创新和发展，公众分享信息变得更加自由。而公众主动分享信息的行为促使"网络评价"这一新型营销形式得以发展，数以亿计的网络评论汇聚成了交互性大数据，其中蕴含着旅游行业巨大的价值。搜集和分析互联网评论数据，能有效提高市场竞争力和收益能力。消费者对旅游服务及产品的简单表扬与批评演变得更加的客观真实，游客的评价内容也更趋于专业化和理性化，发布的渠道也更加广泛。旅游管理机构和企业，尤其应该重视对网上旅游行业的评论数据进行搜集，了解精准客户群的消费行为、价值取向，评论中体现的新消费需求和旅游品质中存在的问题，并以此来改进和创新产品，制订合理的价格及提高服务质量，都会有效地提高市场竞争力和收益能力。

旅游智慧化是实现智慧旅游目标的一个过程，是从旅游信息化迈向数字化后的过渡状态。智慧旅游对很多目的地、旅游者和企业来说，还有很长的一段路要走，这个过程可以称为智慧化，就是让传统的旅游服务形式、服务方式、服务渠道逐步与智能终端、物联网技术、云服务平台、智能识别技术等技术手段结合，并形成有效的运营机制，进而推进各类参与主体形成多赢的格局，最终实现智慧旅游。智慧旅游是旅游业的一次深刻变革，是支撑旅游业发展的新动力，符合旅游业向现代服务业转变的方向。

三、智慧旅游时代的展望

随着科技的进步，特别是大数据的不断积累与完善，旅游业即将进入智慧旅游快速发展时代。

智慧旅游通过科学的信息组织和呈现形式让游客方便、快捷地获取旅游信息，帮助游客更好地安排旅游计划并形成旅游决策。它将实现传统旅游管理方式向现代管理方式的转变。通过信息技术，旅游行业可以及时准确地掌握游客的旅游活动信息和旅游企业的经营信息，实现旅游行业监管从传统的被动处理、事后管理向过程管理和实时管理的转变。

同时，旅游行业还将通过与公安、交通、工商、卫生、质检等部门形成信息共享和协作联动，结合旅游信息数据形成旅游预测预警机制，提高应急管理能力，保障旅游安全，实现对旅游投诉以及旅游质量问题的有效处理，维护旅游市场秩序。

　　在营销方面，智慧旅游通过旅游舆情监控和数据量化分析，判断营销渠道，挖掘旅游热点和游客兴趣点，引导旅游企业策划对应的旅游产品，制定对应的营销主题，从而推动旅游行业的产品创新和营销创新。还可以充分利用新媒体的传播特性，吸引游客主动参与旅游的传播和营销，并通过积累细分用户的数据和旅游产品消费数据，逐步形成小众细分营销平台。

　　智慧旅游还将推动传统的旅游消费方式向现代的旅游消费方式转变，并引导游客产生新的旅游习惯，创造新的旅游文化。鼓励和支持旅游企业广泛运用信息技术，改善经营流程，提高管理水平，提升产品和服务竞争力，增强游客、旅游资源、旅游企业和旅游主管部门之间的互动，高效整合旅游资源，推动旅游产业整体发展。

　　智慧旅游是一个崭新的旅游发展方向，是旅游电子商务的一个全新环境和平台，为旅游电子商务指明了方向。与此同时，旅游电子商务的蓬勃发展无疑是实现智慧旅游的基石之一。唯有旅游电子商务的不断进步，才能真正体现智慧旅游的精髓，支撑起智慧旅游的整体架构，使智慧旅游能真正成为旅行者的云中仙境。

参考文献

［1］搜狐. 6月旅游出行广告投放洞察：头部 App 占据60%以上投放份额 ［EB/OL］.（2018-07-20）［2021-09-20］. https://www.sohu.com/a/242341000_344262.

［2］王明宇，刘淑贞. 中国领先的互联网旅游搜索引擎企业：去哪儿网的商业模式分析 ［J］. 电子商务，2013（12）：2.

［3］张睿. 旅游电子商务：理论与实践 ［M］. 武汉：华中科技大学出版社，2024.

［4］李晨芳. 基于短视频平台传播特征的旅游目的地营销策略研究：以抖音 App 为例 ［J］. 现代交际，2019（9）：64-65，63.

［5］家居行业前沿."抖音短视频" 对旅游营销有何启示？［EB/OL］.（2019-12-30）［2021-09-20］. https://www.360kuai.com/pc/9a0835c6d5043d6f3？cota＝4&kuai_so＝1&tj_url＝so_rec&sign＝360_57c3bbd1&refer_scene＝so_1.

［6］邱正英，吴绍芹. 旅游电子商务浅谈 ［J］. 福建质量管理，2016（1）：120.

［7］乔向杰. 旅游电子商务 ［M］. 北京：旅游教育出版社，2020.

［8］张明婷，闫静，荆耀霆，等. 旅游电子商务平台发展模式纵览 ［J］. 旅游纵览，2023（9）：184-187.

［9］朱松节，刘丹. 旅游电子商务 ［M］. 南京：南京大学出版社，2015.

项目一任务活页

1. 概念收集

学生分组（每组 3~4 人），要求学生利用图书馆、网络数据库等资源，自主通过网络搜索、查阅教材等方式，收集至少 3 个不同来源的旅游电子商务概念表述，并记录下来。找出其中的共性元素和差异点，用简洁的语言重新整理出一个自己理解的旅游电子商务概念，字数在 100~200 字。

2. 时间轴绘制

学生分组（每组 3~4 人），绘制一个旅游电子商务发展时间轴，标注重要阶段、事件和大致时间，并在旁边简要说明每个阶段的特点。

【任务1-2】

旅游经历分享

以小组为单位（每组3~4人），要求每位学生分享一次印象深刻的旅游经历，重点描述在预订行程（如酒店、交通等）过程中的方式，是通过传统旅行社还是网络平台。讨论在成员分享经历中出现的旅游预订方式的优缺点，每组整理出至少3条优点和3条缺点。

旅游电子商务与传统旅游商务对比

以小组为单位（每组 3~4 人），分别从交易流程、信息传播、客户服务、成本结构 4 个方面，梳理旅游电子商务和传统旅游商务各自的特征，每个方面至少列出 3 点。根据梳理的特征，制作一个详细的对比表格，清晰地展示两者在各个方面的不同之处。

项目二任务活页

【任务 2-1】

平台功能优化建议

以小组为单位（每组 3~4 人），选择某一在线旅游平台，要求找出该平台其至少 3 个可优化的功能点，并制订详细的改进方案。

【任务 2-2】

模式对比分析

以小组为单位（每组 3~4 人），对比 OTA 模式和旅游供应商直销模式，要求详细对比它们在价格策略、产品种类、客户服务、盈利方式等方面的差异，并用表格的形式呈现。

新方向创意提案

以小组为单位（每组 3~4 人），讨论在线旅游可能的新发展方向，如元宇宙旅游体验、老年旅游在线服务新模式等，每个小组制订一个创意方案。

项目三任务活页

【任务 3-1】

制作一份二维码电子菜单

【任务 3-2】

餐饮业的社交媒体进行电子商务推广

以小组为单位（每组 3~4 人），任意选择一家餐饮企业，要求学生对该餐饮企业的电子商务应用情况进行深入分析，提出对该企业电子商务发展的改进建议与创新性想法。思考如何利用社交媒体进行电子商务推广。

项目四任务活页

【任务 4-1】

酒店线上营销实战

以小组为单位（每组 3~4 人），每组选择一家酒店。对酒店现有品牌形象进行分析，结合目标市场的需求和竞争环境，制订网络营销方案。

【任务 4-2】

智慧客房设计

参考下图为该客房设计智慧客房方案。

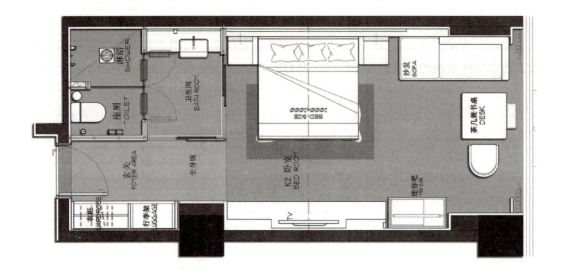

项目五任务活页

【任务 5-1】

网约车平台用户体验分析

以小组为单位（每组 3~4 人），分析网约车平台在提升用户体验方面采取了哪些措施。

项目六任务活页

【任务6-1】

景区电子商务运营策划

以小组为单位（每组3~4人），登录故宫博物院官方网站，了解景区概况及电子商务平台的基本信息，分析当前电子商务运营状况，探索如何进一步提升景区电子商务平台的竞争力与服务质量。

【任务6-2】

景点语音播报

为任意一个景点制作一个语音播报二维码。

项目七任务活页

【任务7-1】

旅行社电子商务调研

以小组为单位（每组 3~4 人），任意调研一家传统旅行社的电子商务运营情况，并提出优化方案。

【任务7-2】

校园旅行社电子商务运营方案

如果在校园开一家旅行社，应该如何进行电子商务运营。以小组为单位（每组 3~4 人），为校园旅行社制定电子商务运营方案。

项目八任务活页

【任务 8-1】

移动支付创新方案

发挥想象力，在保障资金安全的前提下，移动支付还能有什么形式，并说明原因。

项目九任务活页

【任务 9-1】

电商平台建设实践

尝试注册淘宝店铺，并上架一样旅游商品。

项目十任务活页

【任务 10-1】

搜索引擎对比

请同学们对比不同旅游搜索引擎平台（如去哪儿网、携程、途牛、美团等）之间的区别，分析讨论每家平台典型的运营规律以及特色、优势。

【任务 10-2】

营销案例分析

2018 年 9 月，抖音短视频、头条指数和清华大学城市品牌研究所发布《短视频与城市形象研究白皮书》。其数据显示，截至 2018 年 3 月底，抖音上关于西安的视频量超过 61 万条，播放总量超过 36 亿次。据西安市旅游发展委员会最新公布的数据，2018 年上半年，西安接待海内外游客 11 471.75 万人次，同比增长 45.36%，旅游业总收入同比增长 56.32%。

思考：抖音短视频为什么能带火西安这座城市？